Für Dich

Die Rückverbindung
mit deiner Seele

Das Seelenkonglomerat
und Michael Elrahim Amira

für Dich

Die Rückverbindung mit deiner Seele

„Dem höchsten Wohle so Vieler wie möglich“

www.Michael-Elrahim-Amira.de

Impressum:
Bibliografische Information der Deutschen Nationalbibliothek:
Die Deutsche Nationalbibliothek verzeichnet diese Publikation in der Deutschen Nationalbibliografie;
Detaillierte bibliografische Daten sind im Internet über http://dnb.d-nb.de abrufbar.

ISBN 978-3-9815425-0-9

Verlag:
An kana Te Verlag
3. Auflage 2012

Umschlaggestaltung:

Satz und Druck:
Vereinigte Druckereibetriebe Laupp & Göbel GmbH, 72147 Nehren

Für Euch,

meine geliebten

Engelsgeschwister,

auf dass Ihr die Worte dieses Buches aufnehmt
mit Eurem Herzen

und aussprecht, dass

Vatermuttergott, dein Wille geschehe ...

und wir alle gemeinsam heimkehren können,

heim zu Gott ...

In Liebe, Michael Elrahim Amira

Folge dem Ruf deiner Seele

und erkenne wer Du bist!

Die "für-Dich"-Akademie

Agnieszka Jaurel Insoma
Michael Elrahim Amira

Es begann 2007 mit der Reise nach Indien.
Dort erfuhr der Buchautor *Michael Elrahim Amira* vom Auftrag ein Buch zu schreiben.
Es sollte ein ganz besonderes Buch werden.
Er sollte als Medium für das Seelenkonglomerat, die Menschen mit ihrer eigenen Seele wieder in Kontakt bringen.
Mittlerweile haben Tausende von Menschen durch ihr "für Dich-Buch" Kontakt mit ihrer Seele aufgenommen, kennen den Sinn ihres Lebens und sind eingeweiht in die kosmischen Spielregeln des Lebens.

Im März 2010 kam das lang erwartete zweite Buch "für Dich-das Geheimnis wer Du wirklich bist" heraus.
Dort berichten die Seelen aus Gott, Erzengel Michael und Jeshua ben Joseph über die Bedeutung der Jetztzeit, das magische Jahr 2012 und darüber hinaus.
Bei der stattfindenden 2012 live-channel-Tour in D - A - CH klärt das spirituelle Medium *Michael Elrahim Amira*, selbst An kana Te - Hüter von Mutter Erde, über die Tragweite des Bewusstseinswandel auf und die Notwendigkeit diese im eigenen Leben umzusetzen.
Von allergrößter Bedeutung ist dabei das Wissen über uns selbst, zu wissen wer wir wirklich sind, läßt uns sofort verstehen warum wir hier sind, was unsere Lebensaufgabe, unsere Bestimmung ist.
Dies verändert alles!
Der direkte Kontakt mit dem eigenen Schutzengel, der Seele in einer selbsterlebten Meditation ist so tiefgreifend und im Gefühl selbsterlebt, dadurch entsteht tiefes Vertrauen.
Die Botschaften und aufklärenden Worte der Erzengel, unserer Seelen und von IHM Jeshua lassen uns verstehen.
So ist das Wirken von Michael Elrahim Amira ganz auf das höchste Wohl so Vieler wie möglich ausgerichtet.

Für jede Art von Fragen, beruflich, finanziell, oder beziehungsmäßig, gibt es die Möglichkeit der telefonischen oder persönlichen Lebensberatung.

Kontakt unter:
www.michael-elrahim-amira.de

Inhalt

Hinweis 1: Zur besseren Unterscheidung sind meine Worte immer kursiv geschrieben und in Klammern gesetzt [*So sehen meine Worte aus*]
Sobald die geistige Welt spricht, beginnt es mit einem „ und endet mit “

Hinweis 2: (1 x niesen); Du selbst oder in deinem Umfeld, heißt gedachte oder ausgesprochene Worte sind wahr und werden somit bestätigt.

Einleitung

„Solange es Dir in deinem Leben gut geht, Du finanziell versorgt bist, in einer funktionierenden Beziehung lebst und Dir deine Arbeit Freude bereitet, machst Du Dir über den Sinn deines Lebens keine oder nur wenig Gedanken.

Ganz anders dagegen ist es, wenn Du plötzlich durch Krankheit, finanzielle Probleme, Mobbing oder Arbeitslosigkeit, dem ZuBruch-Gehen deiner Beziehung aus deiner oft so (zu) heilen Welt fällst.

Plötzlich verschieben sich all deine Prioritäten und Prinzipien wie durch Zauberhand, förmlich schicksalhaft siehst Du Dich gezwungen, nun fast ungewollt Dich mit diesem Lebenssinn auseinander zu setzen. Oft ist da erst mal die Frage:

‚Warum gerade mir? Warum gerade jetzt? Wozu all das?'

Schon sind wir mitten beim Thema dieses Buches und auch bei deinem Lebensthema!

Hast Du Dich schon einmal gefragt:

Was ist der Sinn meines Lebens?
Habe ich eine Aufgabe?
Gibt es ein gewisses Schicksal für mich?
Haben meine Lebenserfahrungen eine Bedeutung?

Hast Du bisher Antworten erhalten, gefunden?

Alles was in deinem Leben geschieht, hat einen Sinn, meist sogar einen tiefen Sinn, das ist die Hauptbotschaft dieses Buches.

Anhand vieler Beispiele und der grundlegenden Darstellung deines Lebenssinnes wird Dir verdeutlicht, wie die im Hintergrund ablaufenden kosmischen Gesetze all deine Erfahrungen steuern und vollkommen beeinflussen. So zeigt es sich Dir im Verlaufe dieses Buches immer deutlicher, dass ganz alleine Du deinem Leben die Richtung gibst. Ja, alle deine Erfahrungen, sei es Krankheit, Freude oder leidvolle Erlebnisse, ganz alleine von Dir erschaffen sind und ständig erschaffen werden durch deine gedachten Gedanken und deine gefühlten Gefühle.

Das, meine liebe Leserin, mein lieber Leser, ist der Sinn dieses Buches. Dir so klar und einfach aufzuzeigen, wie sehr alles in deinem Leben beeinflusst ist durch **Dich selbst**.

So wirst Du durch das Lesen, besser gesagt durch dieses Hindurchfühlen selbst erkennen, indem es Dir wie Schuppen von den Augen fällt, dass

> **Du alleine die Erschafferin, der Erschaffer**
> **Deines gesamten Lebens und damit deines**
> **Schicksals bist!"** (1 x niesen)

Das Seelenkonglomerat (Teil 1)

29.10.2007

[*Hallo, Ihr meine geliebte Familie, Spirit, mein Gefolge. Hallo, Imahel, mein geliebter Schutzengel, und Amrides, mein geliebter Geistführer, wollt Ihr zu mir sprechen?*]

„Ja, wir wollen sehr gerne zu Dir sprechen. Wir sind das Seelenkonglomerat und wir danken Dir, geliebter Engel, so sehr für deine Bereitschaft, dieses Buch und noch vieles mehr in dieser Welt der Materie zum Ausdruck zu bringen.

Wir ehren dein großes Vertrauen und sagen Dir an dieser Stelle,

Du bist so gesegnet für dieses Wirken, dieses von uns an Dich vermittelte Buch ist solch ein großer Segen.

So viele Menschen brauchen gerade die Fürsprache dieser Worte, **können doch dadurch wir Seelen zu unseren inkarnierten Seelenanteilen sprechen**. Auch im Namen deines Schutzengels Imahel sagen wir Dir, vertraue! So sehr ist dein Wirken gesegnet, aber auch gebraucht von uns, der geistigen Welt, so sehr.

Glaube mir, es ist uns ein Leichtes, Dir, der Du freigestellt bist, nun auch dies alles zur Verfügung zu stellen, damit es Dir möglich ist, Dich nun ganz auf diese so große Aufgabe vollkommen zu konzentrieren.

Ja, **ausschließlich** deshalb sprechen wir jetzt zu Dir, um Dir zu sagen, ja **dein ganzes Sein als Mensch, Engel und**

Seele wird gebraucht, denn da ist nun so vieles, was wir Dir gerne vermitteln möchten, auf dass Du es dann niederschreibst.

Wir senden Dir nun unsere Liebe, damit diese das Zeichen für Dich ist! Diese unsere Liebe, sie ist nun bei Dir und sie bleibt bei

Dir, sie ist von nun an deine Energie, damit Du jetzt in der Lage bist, noch viel mehr zu wirken.

Vertraue Du uns, gib uns durch dein vollkommenes Vertrauen die Grundlage, ganz durch Dich zu wirken, und damit all die Seelenanteile weltweit zu erreichen."

„Willst Du für Uns wirken?"

(*Ja, das will ich!*)

„Dann, geliebter Meister, ist es so! Nun bist Du unsere Stimme, die Stimme des Göttlichen, der Quelle allen Seins."

„Ja, ich bin es, dein Imahel! Geliebter Meister, weißt Du, was das für eine Ehre, für eine Freude ist? Das Seelenkonglomerat hat zu Dir gesprochen, oh, wie wundervoll."

Worte der Wahrheit von deiner Seele für Dich!

„Ja, geliebter Meister, ich bin wie stets da, zur Stelle wann immer es deine ‚Zeit' erlaubt, bin ich in Gedanken, Gefühl und nun auch wieder in Wort bei Dir. Wie sehr kehrt immer wieder Ruhe in Dich ein, sobald sich unser beider Wesen so wie jetzt verbunden fühlen und, oh ja, wie sehr, Geliebter, wird diese Energie und die damit verbundene Ruhe übergeben auf jede **einzelne, gesegnete Seele, welche diese Zeilen liest**.

Das ist ein sehr wesentlicher Bestandteil und die Sinnhaftigkeit dieses von uns zu schreibenden Buches.

Gerade in dieser letzten Phase der Wandlung, gerade jetzt, wo das Gefühlsleben der meisten inkarnierten Menschen in sehr großem Maße einer enormen Bedrängnis unterliegt. Jetzt, gerade jetzt **erfährt** die **Transformation** eine nie da gewesene **enorme Beschleunigung**.

Somit wird von jedem in dieser Zeit noch im Menschenkleide lebenden Seelenanteil eine so große Veränderung in seinem **Sein** und damit eine Wandlung im Bewusstsein verlangt. Ein völlig ‚Neues Denken', ein Umdenken, ein neues Wahrnehmen der eigenen Lebenssituation ist nun dringend gefordert.

In aller Liebe sage ich es Dir, Meister, und damit auch Dir, der Du nun diese Zeilen liest!

Erkenne, wer Du bist, richte aus dein weiteres Leben in dem Bewusstsein, Du bist in Wahrheit ein Wesen der geistigen Welt. So stehen deine geistigen Bedürfnisse an erster Stelle. Verleugnest Du auch weiterhin den Ruf deiner Seele, die Dir leise zuflüstert:

*‚**ICH** bin es, deine **Seele**, die Dich in aller Liebe daran erinnert, dass der Grund, warum Du (noch) am Leben bist, weil ich, deine Seele, dies gestatte!'*

Doch höre nun, mein **Sein** verlangt nach Erweiterung, nach Neuem, nach Entfaltung. Deine Angst vor Veränderung, deine Weigerung, Dich zu entwickeln, bewusst Dich deinem Seelenleben zuzuwenden und damit mich, deine **Seele**, zum Ausdruck zu bringen. Diese in Dir so große Angst bewirkt doch erst den enormen Druck, den Du, geliebter Seelenanteil, nun so deutlich in deinem gesamten Erdenleben erfährst.

Wie groß muss nun in Dir noch der Druck werden? Wie groß die seelische Pein, dass Du endlich innehältst und Dich fragst:

‚Was soll das Ganze? Wozu mache ich das alles mit? Wie lange noch, ja wie lange noch will ich dieses für mich mittlerweile sinnlose Leben noch so weiterführen?'

So sehr möchte ich Dich wissen lassen, dass all dieser auf Dir lastende Druck, dieser Seelendruck (ein gutes Wort) nur aus einem einzigen Grund auf Dir lastet.

ICH bin der wahre Grund, **ICH**, deine Dir innewohnende **Seele**. So sehr möchte ich Dich wieder daran erinnern, dass doch der einzige Grund, warum Du überhaupt hier bist, der Grund deines Lebens, das bin ich, deine **Seele**, die ich mich durch deine Lebenserfahrungen zum Ausdruck bringe und erfahre.

Aber weißt Du was!? Mein Hauptgrund, mich in Dir zum Ausdruck zu bringen, ist reine Lebensfreude und dies wäre genau der Gradmesser für Dich. Je mehr Freude Du in deinem Leben erfährst, umso stärker bist Du mit mir, meinem zum Ausdruck zu bringenden Willen in Einklang. Im Gegensatz dazu heißt dein empfundenes Leid, die Stärke ist der/dein Gradmesser, wie nah oder wie weit Du Dich von mir durch **deinen** freien Willen entfernt hast.

So Du Dich sehr weit von mir entfernt hast und seelische und vor allem körperliche Schmerzen, die Du empfindest, zeigen Dir dies sehr deutlich, bin ich, deine **Seele**, in aller Konsequenz nur an einer für mich sinnvollen Inkarnation deiner selbst interessiert. Leid ist für mich wenig sinnvoll, ich bin selbst reine Freude, und Freude ist meine mit Dir zu erfahrende Lebensgrundvoraussetzung!

‚Weißt Du, nun sage ich Dir etwas sehr Bedeutendes!'

Ist es mir durch all meine Dir so deutlichen Schicksalsschläge, durch meinen Dir auferlegten Seelendruck unmöglich, Dich von deinem falschen, auf Leiden ausgerichteten Lebensweg abzubringen. Dir durch alle meine Botschaften und Hinweise die Möglichkeit zu bieten, innezuhalten bei all dem Druck, der da auf Dir lastet, dann in aller Konsequenz, in letztendlicher Konsequenz verbleibt mir nur dieses, dein materielles Leben, dieses von Dir Geistwesen, dieses von Dir gelebte Leben in einem menschlichen Körper ganz einfach zu beenden. Denn nun endlich kann ich es Dir auf diese Weise durch die Worte dieses Buches sagen. Ein von Dir gelebtes Leben, welches völlig nur noch auf die Erfüllung

deines persönlichen Willens hinausläuft, dieses gelebte Leben, bei dem auch **dein persönlicher Lebenssinn keine Erfüllung findet**, ist, so hart es nun vielleicht für Dich klingt, aus meiner Sicht **sinnlos!**

Was denkst Du, mache **ICH**, deine **Seele**, wenn Du über längere Zeit ein sinnloses Leben führst? Oh ja, ich beende es, ganz einfach.

Nun da Dir all dies Wissen so klar und deutlich vor deinen Augen liegt, kannst **Du** aus **deinem** freien Willen heraus entscheiden, wie Du nun dein weiteres Leben verbringen, erleben möchtest? **ICH**, deine **Seele**, bin bei Dir gleichgültig, wie Du Dich entscheidest. Gleichgültig was Du tust, bin **ICH** doch Du und liebe **ICH** Dich doch so, wie Du bist, mit allem an und in Dir.

Du fragst Dich, wie soll dein Leben von nun an weitergehen? Ganz einfach, mit mir zusammen, mit mir, deiner **Seele**. Es ist für Dich und für mich an der Zeit, gemeinsam dein weiteres Leben zu gestalten. **ICH** bin jetzt und immer für Dich da, vertraust Du mir, deiner **Seele**, und alles ist gut.

ICH führe und leite Dich. Mir ist es ein so Leichtes, all das in dein Leben zu führen, was Du Dir so sehr wünschst. Ja, Freude, Fülle und ein tiefes Gefühl der Geborgenheit und das Gefühl in Sicherheit zu sein.

Weißt Du, in all deinem Streben, all deinem Sehnen war es immer **ICH**, die Einheit mit mir, die Du schon dein ganzes Leben suchst. Jetzt hat diese Suche ein Ende, jetzt hast Du mich wieder gefunden, jetzt sind wir beide wieder eins. So lass uns gemeinsam all deine Lebensfragen, Lebensthemen angehen.

Was ist es, was Dich so sehr belastet, so bedrückt, so schwer auf Dir lastet?

Hallo nochmals, ja, **ICH** bin Imahel, dein Schutzengel (Gefühl sofort da), und wie Du siehst, aber schon vorher gefühlt hast, geht es jetzt um ein neues Kapitel!"

Deine Seele und Du

In Liebe verbunden,
für immer vereint.
Suchend nun doch gefunden,
was immer war da.
Die Einheit in Dir,
seit immer und für immer.

In Liebe, deine **Seele**

„**Mein geliebter Seelenanteil**, der Du diese Zeilen liest, sei erst einmal gegrüßt und gesegnet für dein bisheriges Leben. So viel ist (musste) geschehen, dass Du zu diesem Punkt in deinem Leben gelangt, quasi nun **dieses Buch in dein Leben gezogen hast**. Schon lange ist da ein Gefühl in Dir, ein Gefühl, eine Ahnung, die Dir immer wieder sagt, verändere dein Leben, lasse los, gehe weiter, habe doch endlich den Mut, nach deinen Träumen zu handeln.

Immer wieder ertappst Du Dich förmlich bei den Gedanken, **ICH** müsste mal, eigentlich sollte ich, so kann das nicht weitergehen, da muss ich endlich etwas verändern' und wieder und wieder bleibt es bei dem Gedanken, aber ohne ein konkretes Handeln.

Doch immer stärker wird dieses Gefühl, immer stärker dies Rufen in Dir und **ICH** bin das, deine **Seele**, die Dich in aller Liebe auffordert, weiterzugehen, deinem Leben endlich wieder einen Sinn zu geben. **ICH BIN DAS!** Eine Gelegenheit nach der anderen lässt Du an Dir vorübergehen, ohne auf mich, deine **Seele**, zu achten. Dabei bin **ICH** doch ganz alleine der Grund, warum Du überhaupt hier bist. **ICH** bin es, **ICH** habe Dich in diesen Körper gebracht. Mein Verlangen nach Ausdruck, mein Sehnen nach Ausdruck über die Körperlichkeit hat Dich hineingeboren in diesen menschlichen Körper. So rühren **alle** deine Lebensprobleme einzig und allein daher, dass Du mich, deine Seele, immer wieder verleugnest.

Warum hast Du vor mir so viel Angst? Weshalb ist deine Angst vor Neuem in all deinen Lebensbereichen so groß, dass Du lieber in den Dich so belastenden Lebenssituationen stecken bleibst, als Dich einfach mir hinzugeben, damit **ICH** Dich von einer freudvollen Erfahrung zur nächsten führen kann? Wie lange willst Du noch leiden, mit dem Kopf zur Wand Dich allem Neuen verschließen? Wie lange noch?

Würdest Du Dich mir anvertrauen, vielleicht nur einmal. Wie sehr könnte **ICH** Dir dann beweisen, dass all mein Wollen in Dir nur das Gute ist. Dir Gutes zuzuführen in allem, ist, was mein Wollen in Dir bewirken will.

So vertraue nur einmal, lass Dich von dem guten Gefühl in Dir leiten (denn das bin **ICH** in Dir) und **ICH**, deine **Seele**, führe Dich auf neuen Wegen in neue Erfahrungen, die Dich so beglücken, Dir so viel Freude bringen. Denn dies ist es, wozu Du durch mich geführt bist in dieses Leben, Freude zu erleben und glaube mir, da ist so viel Gutes, so viel Freude. Nur bedarf es noch deines vertrauensvollen Loslassens und der Bereitschaft, mich, deine Seele, an der Hand zu nehmen, damit **ICH** Dich führen kann. Das ist es! So einfach und scheinbar so schwer, ja fast unmöglich.

Gut, Du brauchst etwas, an das Du glauben kannst, ein eindeutiges Zeichen. Etwas, das Dich glauben lassen kann, dass **ICH** real in Dir bin, und nicht nur ein eingebildeter Gedanke. Etwas das so real ist, so klar, dass damit alle deine Zweifel ein für allemal nun endlich beendet sind.

Wünscht Du Dir doch schon so lange, endlich wieder vertrauen zu können, wie damals, als Du noch ein Kind warst. Ja, **endlich** wieder vertrauen können, endlich wieder.

Gut, so soll es sein, nun gebe **ICH** Dir, deine **Seele**, einen solchen **klaren und eindeutigen Beweis meines Seins in Dir**. Bist Du bereit?

Ja, **dann fühlst Du mich jetzt in Dir!**

Was lässt Dich jetzt solch ein tiefes Gefühl der Liebe und Freude in Dir empfinden? Alle deine Ängste, alle deine Besorgnis erregenden Gedanken sind weg, ja weg. Wo sind sie? Sobald Du mich, deine **Seele**, in Dir zulässt, Dich mir öffnest, wie Du es jetzt gerade tust, ist in Dir nur noch Platz für klar empfundene Freude und da ist kein Raum mehr für Angst. Das ist es, was Du gewinnen kannst, jetzt und für immer in deinem Leben. Immerwährende innere Ruhe, Freude, Gelassenheit und daraus sich ergebend **Liebe** zu Dir selbst, dem Leben und zu allem, was Dich umgibt, Dir widerfährt. Selbst jetzt, wo dein Leben, die Lebensumstände dieselben sind wie noch vor einer Stunde deiner Zeitrechnung, hat sich durch dein Fühlen, dein neues Fühlen alles gewandelt. Glaube mir, durch dein verändertes inneres Denken und Fühlen, dein Vertrauen in Dir, ziehst Du Dich selbst nun in völlig neue, andere Lebenserfahrungen, welche natürlich deinem inneren Fühlen entsprechen. Plötzlich sind da draußen in deinem Leben scheinbar andere Menschen, andere Lebenssituationen als bisher. Aber wurde Dir dies nicht immer und immer wieder gelehrt, beigebracht und gesagt? Dein inneres Erleben, dein inneres Fühlen und Denken ist die Ursache für deine äußeren Lebenserfahrungen.

Überrascht Dich das? Wie sonst sollte es sein? Du ganz alleine und nur Du bist verantwortlich für all dein Erleben, für all die vielen Lebenserfahrungen, seien sie angenehmer oder unangenehmer Art. Dein inneres Fühlen zieht im Außen die entsprechenden Lebenserfahrungen an. Möchtest Du jemals in deinem Leben andere für Dich erfüllendere Lebenserfahrungen, solche, die Du Dir wünschst, erfahren? Dann sei bereit, dein Denken und Fühlen derart zu gestalten, dass es dem entspricht, was Du gerne als Erfahrungen in deinem Leben haben möchtest. Nur eine Veränderung, die zuerst in deinem Innern stattfindet, lässt Dich dann neue, andere Erfahrungen machen wie bisher. So wie alle deine bisherigen Lebenserfahrungen das Resultat deiner bisherigen inneren Gefühle und Gedanken waren.

Da Du von mir, deiner **Seele**, erst gerade diese ganz klare Bestätigung in deinem Fühlen erhalten hast, kannst Du nun auch weiterhin Dich mir anvertrauen. Hast Du doch jetzt die so klare Bestätigung in deinem Fühlen bekommen und damit erkannt, dass es nicht nur dein Wunschdenken oder dergleichen war.

Da Du nun weißt, dass **ICH**, deine **Seele**, da bin, in Dir bin und schon immer war. So lass uns nun voranschreiten, lass mich Dich führen, führen von einer Dich stets bereichernden Erfahrung zur nächsten. Immer in dem Vertrauen, dass **ICH** Dich/uns nur in sinnvolle Lebenssituationen führe.

Fühlst Du, wie sehr diese Gewissheit dein ganzes Leben verändert? Wie gelassen und voller Vertrauen Du nun sein kannst, in der Gewissheit, da ist nur Sinnvolles. Jede Lebenserfahrung ist geschaffen durch Dich im Vertrauen in mich, jede, alle, alles.

So lass uns nun in deinem Wissen, dass **ICH** bei Dir bin, Du geehrt bist und bereit, dieses Leben zu leben. Jeden Tag durch all diese Erfahrungen zu gehen, die oft so tiefe Gefühle der Freude, aber auch der Trauer in Dir erzeugen und immer bist Du es, der dies zum Ausdruck bringt, für mich, deine **Seele**. Wie oft fühlst Du Dich so alleine? Fühlst und denkst, da wärst nur Du der Mensch, dieses körperliche Wesen, das diesen Körper darstellt. Aber Du bist so viel mehr, so viel mehr! **Du bist ich und ich bin Du.** Gemeinsam bringen wir göttliches **Sein** zum Ausdruck, gemeinsam erleben wir jede deiner Lebensausdrucksituationen. Gemeinsam fühlen und erfahren wir all jenes, was Du dein Leben nennst. Jede dieser Erfahrungen geht ein in den Erfahrungsschatz aller Menschen. So beeinflusst einer alle und alle einen.

Kannst Du nun erahnen, von welch großer Bedeutung dein Leben ist, wie wichtig jede Lebenserfahrung ist?

Und glaube mir, nie auch nur einen Augenschlag warst oder wirst Du je alleine sein. Immer war und immer bin ich, deine **Seele**, bei Dir und auch dein Schutzengel, Dir von mir zur Seite gestellt, ist immer bei Dir, Dich zu führen und zu leiten. Dein Gewissen, diese feine Stimme in Dir, das sind wir, die wir tief in deinem Innern zu Dir sprechen, aber immer nur als Möglichkeit für Dich, uns zu folgen oder deinem freien Willen. Dies ist es, was dein Mensch-Sein so wichtig, so bedeutend macht. Diese freie Wahl, welche es Dir ermöglicht zu handeln, wie auch immer Du es möchtest. Erkennst Du, dass Du Gott in Dir bist? Denn stets erfüllt sich dein **Wille** und ganz alleine nur dein **Wille**.

So Du nun erkennst, welch großartige Macht in Dir ist, Du nun Dir gewahr bist, dass dein Denken und Fühlen zuerst in Dir entstehend, dann von Dir ausströmt und als eine magnetische Kraft nun in deiner Außenwelt genau all die Erfahrungen und Situationen in dein Leben zieht, die diesem zuerst in Dir vorhandenen Denken und Fühlen entsprechen. Dies ist das große Geheimnis deines Lebens, dass nur die Dinge, Menschen und Situationen in deinem Leben sich zeigen, erscheinen können, die **Du selbst** und nur Du selbst bereits vorher in Dir, deinem Denken und Fühlen kreiert hast. Nur Du alleine, durch die Schöpferkraft von mir in Dir, schöpfst scheinbar aus dem Nichts oder dem Alles jede deiner Lebenserfahrungen, jede!

Da Du nun weißt, eingeweiht bist in dieses große Lebensgeheimnis, ist es jetzt an der Zeit, Dich zu entscheiden, darauf einzustimmen jeden deiner Gedanken, Vorstellungsbilder nun ganz bewusst zu wählen. Immer in Übereinstimmung mit dem, was Du ganz bewusst in deinem Leben erleben möchtest!

Also frage Dich, was möchtest Du jetzt in deinem Leben erfahren? Am besten erschaffe Dir einen Lebensplan. Sobald Du Dir ein klares Bild erschaffen hast, ja dann wähle immer und immer wieder ganz bewusst deine Gedanken und Gefühle, sodass sie in Übereinstimmung sind mit diesem von Dir festgelegten Wunsch, wie dein Leben sein soll. Deine inneren Bilder und Gedanken erzeugen in Dir die Kraft, die von Dir ausströmt, gleich der magnetischen Kraft und mit großer Macht im Außen deines Lebens, die dazu passenden Menschen, Erfahrungen und Situationen anzieht.

Jetzt, da Du weißt, dass alle deine Lebenserfahrungen in aller Konsequenz alle bestimmt und erschaffen sind durch deine in Dir gedachten Gedanken und umgesetzt durch deine in Dir gefühlten Gefühle. So sollten nun einzig und allein Gedanken und Gefühle in Dir sein, die diesen von Dir zu erfahrenden Situationen entsprechen. Lässt Du es zu, dass da andere Gedanken und Gefühle in Dir sind, vor allem solche, die dem von Dir Gewünschten völlig entgegenstehen, ja dann wird deine Macht in Dir für die Umsetzung dieser Gedanken und Gefühle wirken. **Dein Wollen** ist dabei völlig unbedeutend, ja sogar wirkungslos. Entscheidend ist wirklich nur, **welche Gedanken und Gefühle in Dir hauptsächlich und immer wieder vorherrschen**. Die Häufigkeit deiner Gedanken und die Intensität der dazu gefühlten Gefühle bestimmt, welche Kraft von Dir ausströmt, und wie Du nun schon weißt, wird diese magnetische Kraft außen in deinem Umfeld die Situationen, Menschen und Erfahrungen anziehen, die diesen Hauptgedanken und Hauptgefühlen in Dir entsprechen.

Dies ist der Wille Gottes,
ausgedrückt in Dir und durch Dich.

Dieser göttliche Wille ist so geprägt und erfüllt von göttlicher Gerechtigkeit, denn dein freier Wille in Dir erlaubt Dir zu jeder Sekunde dieses deines Erdenlebens, Dich bewusst oder unbewusst für die Qualität deiner Gedanken zu entscheiden.

Erkennst Du jetzt, fällt es Dir nun wie Schuppen von deinen Augen, dass dort draußen jeder deiner Mitmenschen ausschließlich das bekommt oder erntet, was sie oder er vorher selbst ausgestrahlt oder gesät hat. **Erkennst Du die sich täglich erfüllende Gerechtigkeit Gottes**? Alle Menschen erhalten jeden Tag in ihrem Leben, was sie selbst und nur sie selbst vorher in ihrem eigenen Innern erschaffen haben, erschaffen durch ihre **eigenen Gedanken und Gefühle**.

Ja, genau! Hier kannst Du nur noch entspannt und ganz sanft lächeln. In der Erkenntnis dieser so sehr gerechten Selbstverantwortlichkeit, in die jeder Mensch Zeit seines Lebens eingebunden ist. In einer Welt um sie/ihn herum, die ebenso ausschließlich geprägt wurde und täglich weiterhin geprägt wird, durch die Kraft und die Macht jedes einzelnen Menschen, und dies gleichgültig, in welcher Lebenssituation/en sich ein Mensch befindet.

Du hast dies schon immer gewusst, oft nur erahnt, aber nun, da es so klar und einfach vor Dir liegt, ist es Dir zum ersten Mal in deinem menschlichen **Sein** so klar und eindeutig. Wie sehr, ja ausschließlich all das Erleben eines jeden Menschen selbstbestimmt, selbst geschaffen und selbst erfüllt ist. Diese Erkenntnis raubt Dir fast deinen Atem, ist sie doch so immens und von so großer Bedeutung für Dich selbst, aber auch für all die Dich umgebenden Menschen.

Taucht doch jetzt die Frage in Dir auf, da Du nun eingeweiht bist in dieses große Geheimnis (es ist nicht das Einzige, da gibt es noch viel mehr, und dann, sobald Du die letzte Seite dieses Buches in Dich, in dein innerstes Wesen, in mich, deine **Seele**, aufgenommen hast, wirst Du eingeweiht sein in alle großen und für Dich wichtigen Geheimnisse dieses deines Lebens), wie nun weiterleben mit diesem Wissen? Welche Konsequenzen sich da nun für Dich selbst, für dein Leben ergeben? Wie der Umgang mit deinen Dich umgebenden Menschen? Immer nun in dem Wissen, dass sie alle täglich ihr persönliches Schicksal immer wieder neu erschaffen, na, durch was …?

Ja, durch ihre ureigensten Gedanken und Gefühle entstehend in ihrem Innern, ausstrahlend aus diesem inneren **Sein** und wieder zurückkehrend im Schlepptau die Menschen, Situationen und Erfahrungen, die diesen Gedanken und Gefühlen entsprechen.

Wow, welch gewaltiges (ja oft auch mit Gewalt) Geschehen sich da täglich scheinbar da draußen abspielt, aber in Wahrheit spielt sich das wirkliche Hauptgeschehen für Dich in Dir und für jeden Menschen in seinem eigenen Innern, in ihren/seinen **Gedanken** und **Gefühlen** ab. So einfach und auch so ehrerbietend.

Welche immense Liebe, die hinter all dem wirkt. Es ist die Liebe Gottes, die Liebe der Quelle allen **Seins**, die immer und immer wieder sich selbst gibt, um aus diesem Geben alles wahrhaft, alles möglich Machende zu erschaffen.

So Du nun all dies weißt, liegt es an Dir, dein Leben so zu gestalten, wie Du es möchtest, es Dir erwünscht. Dein in Dir wohnender Geist hat die Macht, über deine Gedanken alles zu erschaffen und durch deine Gefühle zum Ausdruck zu bringen, alles! **Was Du Dir erdenken und mit deinen inneren Bildern sehen und vorzustellen vermagst, dieses kannst Du auch in deinem Leben erschaffen, anziehen**. Sobald Du die dazugehörenden Gedanken und Gefühle in deiner Kraft und Stärke ausstrahlst.

Während Du diese Zeilen liest, entsteht bereits diese wissende Kraft in Dir, die es Dir ermöglicht, nun genau all das an Menschen, Situationen und Erfahrungen in dein Leben zu ziehen, die Du Dir gerade jetzt von ganzem Herzen wünschst. Bereits jetzt, während diese Kraft sich in Dir bildet/aufbaut, bist Du gleichzeitig fähig, ganz klar zu erkennen, zu differenzieren, was ist es wirklich, was Dir so sehr am Herzen liegt? Was ist für Dich so bedeutend, so wichtig, ja fast schon lebensnotwendig, dass es jetzt in deinem Leben in Erscheinung tritt und sich damit das zu Ergebende/ Wichtige erfüllt?

Deine nun vordringlichste Aufgabe wäre die, deinem innersten Sein deine volle Aufmerksamkeit zuzuwenden. Damit von dort Dir genau über klare Bilder eingegeben werden kann, was für Dich in deinem Leben nun am wichtigsten ist. Denn sobald Du Dir mit vollkommener Klarheit bewusst bist, was Du wirklich willst, was Dir wahrhaft am Herzen liegt, ist es dann doch sehr einfach, all deine weiteren Gedanken und Gefühle genau auf diese inneren Bilder und damit deine wirklichen Wünsche und Bedürfnisse zu lenken. Damit dann nach dem inneren Sein Du automatisch in deinem äußeren Leben genau die dazu passenden Lebensumstände und Situationen anziehst.

Je klarer Du Dir über dein wirkliches Wollen bist, desto stärker ist die Kraft, die Du ausstrahlst. Umso schneller verwirklicht sich durch deine innere Anziehungskraft die Manifestation dessen, was Dir so sehr am Herzen liegt. So wäre nun deine wichtigste Aufgabe, in Dir Klarheit zu schaffen, für all das von Dir wirklich Wichtige in deinem Leben vorhanden sein Sollende. Dein ganzes Leben hast Du immer versucht durch dein äußeres Handeln, dein Tätig-Sein im Außen, durch irgendwelche Aktionen/Handlungen die Dinge in deinem Leben zu erreichen. Wie oft musstest Du feststellen, dass die von Dir gewünschten Erfahrungen nicht oder oft nicht so in deinem Leben erschienen sind, wie Du es gerne gewollt hättest? Keine Rede davon, dass es meist auch noch viel länger gedauert hat, als Du es Dir vorher vorgestellt oder es erwartet hattest. Bei alledem stand das von Dir erreichte Ergebnis selten im Einklang mit dem von Dir erbrachten und eingesetzten Aufwand.

Mit jedem weiteren Wort und aller Worte, die Du bisher in Dich aufgenommen hast, sollte Dir nun in aller Deutlichkeit vor Augen liegen, woran es bisher genau lag, dass die von Dir gewollten Dinge selten so in deinem Leben eingetreten sind, wie Du es gerne gewollt und beabsichtigt hattest, ganz zu schweigen vom jeweils besten Zeitpunkt.

Hallo, mein geliebter Seelenanteil, Menschwerdung meiner Selbst. Du bist **ICH** in diesem menschlichen Körper, dieser perfekten Maschine, die nur dafür geschaffen wurde, damit Du als einer meiner Seelenanteile an diesem wundervollen **‚Spiel des Lebens'** teilnehmen kannst. Durch Dich ist es mir, deiner **Seele**, möglich, all diese gesegneten, so sehr von Gefühlen durchdrungenen Lebenserfahrungen zu machen.

In diesem Moment steht durch all diese Worte in aller Klarheit der Grund vor Dir, wie und in welchem Maße alle die von Dir gemachten Lebenserfahrungen jeweils in **ausschließlichem** Zusammenhang stehen, mit den von Dir gedachten, verursachenden Gedanken und der von Dir gefühlten Gefühle. Ja, die überhaupt erst die Kraft und Energie liefern, damit aus deinen Gedanken auch tatsächliche Lebenserfahrungen entstehen.

Bist Du nun bereit, die volle Verantwortung zu übernehmen, die volle Verantwortung für alle deine Erfahrungen in deinem Leben, alle bisher gemachten und alle noch zu machenden? Bist Du bereit in der klaren Erkenntnis, dass alles bisher Erlebte ausschließlich von Dir selbst durch deine in Dir gedachten Gedanken und deine in Dir gefühlten Gefühle in dein Leben gezogen wurden? Dass Du alleine für dein bisher erlebtes Leben verantwortlich bist und daraus sich ergebend, Du auch für alle weiteren sich noch in deinem Leben zu machenden Erfahrungen?

Erkennst Du die Macht in Dir? Erkennst Du, dass Dir alles offen steht? Du ab sofort hier und jetzt all das in dein Leben als deine persönliche Lebenserfahrung ziehen kannst, die Du nun selbst bestimmst?

Deine Entscheidung, dein bewusstes Auswählen deiner Gedanken und Gefühle lässt Dich nun all das in dein Leben ziehen, was Du selbst Dir als zu machende Lebenserfahrung vorgenommen hast. So Du nun all dies als die Ursache all deiner Lebenserfahrungen erkannt hast, ist jetzt deine vornehmste Aufgabe, finde in Dir heraus, was dein wirkliches Wollen, welche Lebenserfahrungen sind wirklich die, die Du

Dir von ganzem Herzen wünscht, sie zu erfahren, sie mit deinem ganzen **Sein** auszufüllen.

Sobald Du Dir in völliger innerer Klarheit dieser von Dir zu wollenden Erfahrungen sicher bist, ist es dann ein Einfaches, durch deine denkenden Gedanken und fühlenden Gefühle genau die Energie in Dir zu erzeugen, die gleich der magnetischen Kraft dann von Dir ausstrahlend, all die von Dir zu machen wollenden Lebenserfahrungen in dein Leben, deinen Erfahrungsbereich zieht. Da Du nun den Status ‚**Eingeweihter**' vollendet hast, liegt es nun auch in deiner Verantwortung, jetzt bewusst dein weiteres Leben zu schöpfen. Zu schöpfen in und aus der Gewissheit heraus, alles ist Dir möglich! Jede Erfahrung setzt nur deine innere Klarheit voraus, deine eindeutige Entscheidung und dann den Aufbau der notwendigen Kraft und Energie, die dafür verantwortlich ist, damit durch diese magnetische Kraft, die von Dir ausstrahlt, diese Lebenserfahrung, für die Du Dich entschieden hast, dann automatisch in dein Leben gezogen wird. Den Aufbau dieser magnetischen Kraft bewerkstelligen deine durch Dich gedachten Gedanken und deine durch Dich gefühlten Gefühle.

Bei allem deinem bisherigen Sehnen, allem in Dir Wollen bin im einfachen Grunde ich es immer gewesen und werde ich es immer sein, die Du in all deinem Wollen, all deinem **Sein** zum Ausdruck bringen möchtest. Auch wenn es Dir bisher immer so erscheint, dass Du dieses oder jenes brauchst und dein sogenanntes Seelenheil von dieser Erfahrung oder diesem Besitz alleine abhängig ist. So ist dies alles für Dich ein großer Trugschluss, denn in aller Konsequenz bin ich es alleine, ich, deine **Seele**, die sich durch Dich zum Ausdruck bringt und nach dem dein wahres Streben ausgerichtet ist. Erst deine vollkommene Einheit mit mir, deiner Seele, lässt dann den nächsten alles bedeutenden Schritt erst zu. Die Einheit mit Gott in Dir, dieser göttliche Funke, der angelegt ist in mir, deiner **Seele**.

ICH, deine **Seele**, bin die Trägerin und gleichzeitig auch die Bewahrerin deines Gottesfunken. Bis zu dem Zeitpunkt, da Du selbst wieder aus deinem eigenen freien Willen diese **Tür** in Dir öffnest, diese **Tür** zum **göttlichen Funken** in Dir. So ist es mein ganzes Bestreben, mein göttliches Wollen in Dir, Dich zu diesem Punkt in deinem Leben zu führen. An dem Du aus deinem freien Willen heraus dieses Tor in Dir öffnest, und glaube mir, schon sehr oft habe ich Dich bis vor dieses Tor geführt. Immer wieder war es **dein freier Wille**, der es für Dich verhindert hat, dass Du einfach hindurch schreitest.

Meine tiefe Liebe zu Dir wird mich wieder und wieder eine Gelegenheit nach der anderen erschaffen lassen, die es Dir immer wieder ermöglicht, vor dieser Tür, dem **göttlichen Tor,** in Dir zu stehen. Damit es Dir nun endlich möglich ist, einzutreten, hindurch zu schreiten. Dies aber nur aus einem einzigen Grund:

> **'Weil, geliebtes Wesen, Du selbst es willst!**
> **Und nur Du!'**

Willst Du nun, dass ich, deine **Seele**, von nun an in Dir und vor allem durch Dich wirke, so genügt es, von Dir aus mir, deiner Seele, diesen **deinen** Willen zu bekunden, denn das Allerhöchste, was es immer zu beachten gilt, ist

Dein freier Wille.

An dieser Stelle möchte **ICH** Dir ein Gebet ans Herz legen, welches Dir diesbezüglich eine große Hilfe sein wird. Der dies alles hier niederschreibt, ihm hat dieses Gebet so viel geholfen, es hat wahrlich alles in seinem Leben vollkommen gewandelt.

Stimmt's?"

[*Oh ja, das stimmt (voller Tränen der Freude).*]

„So höre und vernimm dies kleine, aber in seiner Wirkung so große, tiefe Gebet:

Wirke, wirke Gott, Du meine Seele,
mein göttliches ‚ICH BIN'
in mir und durch mich! Sei Du
von nun an jener Geist, jene Kraft,
die da alle Entscheidungen trifft,
die da alles lenkt, leitet und führt,
wie es deiner göttlichen Liebe und
deiner göttlichen Weisheit entspricht.
Ja, wirke, wirke Gott, Du meine Seele,
mein göttliches ‚ICH BIN' jetzt und
alle Zeit in mir und durch mich.

Amen und bei Gott, so ist es.

Spreche dieses Gebet immer wieder und vor allem achte auf dein Gefühl. In deinem Gefühl soll genau die Bestätigung dessen sein, wofür Du betest. Sobald Du mir, deiner **Seele**, im Gefühl der Dankbarkeit deinen menschlichen Willen übergibst, dann wirke **ICH**, deine **Seele**, in Einheit mit Gott durch Dich. Dann bist Du wahrhaft göttlich geführt, alles kommt ganz von selbst zu Dir und immer genau all dies, was Du **wirklich** brauchst. Du verlierst alle deine Ängste, denn sie werden in vollkommenes Vertrauen gewandelt. Plötzlich (wenn Du voll ehrlichem und wirklichem Wollen an diesem einfachen Gebet festhältst) wird es in deinem Leben keine Angst, sondern nur noch Vertrauen geben.

Auf einmal ist da so eine innere Ruhe, eine tiefe Gelassenheit. Stimmts? Solltest Du einmal das Vergnügen haben, mit dem Schreiber dieses Buches zusammen zu kommen, dann frage ihn danach. Er wird es Dir bestätigen können, sein Leben hat sich so vollkommen verwandelt."

[*Oh ja!*]

„Weil Du Dich nun so sehr geführt fühlst, plötzlich ist alles so klar, so eindeutig, so voller Freude, so sehr gesegnet.
All die vielen Probleme und Unsicherheiten, all das Bangen, die vielen zu klärenden Dinge in deinem Leben lösen sich ganz von selbst. Alles ist nun so einfach, so klar. Dort, wo bisher immer diese Lebensangst, diese Überlebensangst war, da ist nun tiefes Vertrauen.

Das Vertrauen, dass Du geführt bist durch mich, deine **Seele**. Umgeben, eingebunden in ein tiefes Band der Liebe mit der Dich umgebenden Familie, deinem ganzen Gefolge, deine Geistführer und deinem Schutzengel.

Nun ist da dieses tiefe Vertrauen geführt zu sein, dieses gute Gefühl eingebunden zu sein in etwas, was so viel mehr ist als nur der Mensch, den Du gerade so wahrnimmst. Eingebettet zu sein in viel mehr, als Du bisher wahrnehmen konntest. Teil zu sein von etwas viel Größerem, und nun wissend, dass dein Leben und alles was Du bisher erlebt hast, was Dir bisher alles zugestoßen ist, ja dies ergibt nun immer mehr einen tiefen Sinn. Je mehr Du Dich nun selbst erkennst, je mehr Du Dich selbst erfährst, wird Dir bewusst, dass Du schon so oft an diesem Spiel des Lebens teilgenommen hast. Schon so viele Rollen gespielt hast, aber auch, dass diese Rolle, die Du gerade spielst, dass diese Rolle, dieses Leben dein Wichtigstes ist. Du erkennst, es ist nun an der Zeit, das vor langer Zeit Begonnene jetzt abzuschließen, mehr noch zu vollenden. Hast Du nicht schon dein ganzes Leben dieses Gefühl in Dir, als ob dieses dein Leben irgendwie auf einen ganz bestimmten Punkt, ein spezielles Ziel zusteuert?

Du kennst die Unruhe, die in den letzten Jahren immer mehr und immer stärker sich deiner bemächtigt hat. Das Gefühl, ja fast die Angst, irgendetwas zu verpassen, an etwas Großem, das sich ereignet, nicht dabei zu sein. Du kennst diese Unruhe in Dir sehr genau! Du hast es allerdings immer wieder geschafft, durch deine äußere Geschäftigkeit, durch dein scheinbares Funktionierenmüssen in Familie, Beruf, deiner/deinen Beziehung/en, Dich wieder sehr erfolgreich abzulenken. Dieses drängende Gefühl in Dir zu unterdrücken, um ja nicht die Konsequenzen dieser Gefühle, dessen was ich Dir, deine **Seele**, immer wieder dadurch vermitteln wollte und noch immer tue. Dich daran zu erinnern, dass dieses, dein Leben, einen viel tieferen Sinn hat, dass wahrhaft eine große Bedeutung dahinter liegt. Da Du gerade in dieser so bedeutenden Zeit lebst und diese Gefühle der Unruhe in Dir wahrnimmst.

Wir befinden uns erst am Anfang dieses Buches und da ist so vieles. Vor allem Wissen über die Bedeutung dieser Zeit, den Sinn der großen Veränderungen, die Ihr alle gerade jetzt auf diesem Planeten des **freien Willens** erlebt.

Deshalb und nur aus diesem Grunde wurde dieses Buch für Dich geschrieben, erfüllt mit der Wahrheit und der Liebe des göttlichen **Seins** in Dir. Auch um Dich immer wieder zu erfüllen mit gerade diesem Gefühl, welches Dich **immer erfüllt**, sobald Du dieses Buch zur Hand nimmst und die **Worte** einfließen lässt in dein **Sein**. Verbinden diese Worte und das damit verbundene Gefühl Dich vollkommen mit mir, deiner **Seele**, ja direkt mit mir.

Wir, das **Seelenkonglomerat**, haben auf Seelenebene einen Weg, der es möglich macht, Euch unsere geliebten Seelenanteile, die Ihr alle inkarniert in dieser Zeit, verteilt auf diesem gesamten Planeten, zu erreichen. Euch alle, scheinbar alle, **doch seid Ihr ganz bestimmte Seelenanteile**. Euch allen die Verbindung via Eurer **Seele** wieder zu erstellen und dafür haben wir gemeinsam dieses Buch geschaffen.

Mittlerweile ist Dir klar, dies ist **viel** mehr als nur ein Buch! **Es ist die persönliche Verbindung zu mir, deiner Seele**, zu deiner Dich umgebenden Familie, deinem Schutzengel. Es ist ein Kanal erschaffen, nur für Dich ganz alleine, **ausgerichtet fein säuberlich auf genau deine Seelenenergie!**

Weißt Du, was dies bedeutet?

Es ist ein beständiger, immerwährender Kanal, der Dir, geliebter Seelenanteil, die immerwährende Verbindung garantiert. Die Verbindung zu mir, deiner **Seele**, und deiner Familie, deinem Schutzengel. Aufrechterhaltend permanent und immer für Dich da, sobald Du dieses Buch in deine materielle Hand nimmst, deine materiellen Augen darauf richtest und Dich damit automatisch öffnest für die Seelenenergie, die sofort den Kontakt herstellt.

Dies ist es, was uns euren **Seelen** so an unserem Seelenherzen lag, **Euch unseren geliebten Seelenanteilen in diesen für Euch so herausfordernden Zeiten beistehen zu können**. Aus diesem unserem tiefsten Wunsche entstand nun dieses Buch, diese geschaffene und aufrechterhaltene Leitung und Verbindung von Dir zu mir. Da wir jetzt endlich miteinander verbunden sind, möchte **ICH** all dies von Dir so dringend benötigte Wissen nun endlich zu Dir fließen lassen.

Endlich nun ist es mir möglich, Dir all die Worte in dein Herz zu legen, all diese Worte der Wahrheit und Klarheit.

Wie lange schon musste **ICH** mit meinem Seelenherzen deine Pein, deine Schmerzen mit ertragen, mitleiden, mitfühlen. Weißt Du, wie sehr mich deine zu ertragenden Schmerzen berührten und auch bedrückten? Wie sehr dein Weinen und dein Schmerz **mein** Seelenherz berührte und auch bedrückte?

So sehr warst Du selbst gefangen in deinen eigenen Glaubenssätzen und damit in diesen immer wieder gleichen Gedanken, die wiederum dieselben Gefühle in Dir hervorgerufen haben. So habe ich Dir immer und immer wieder aus meinem **Seelen-Sein** Gedanken zukommen lassen. Ja, Gedanken, die Dir sagten: ‚*Lasse Dich los; gehe weiter. Vertraue, da ist so viel Neues für Dich. Lasse geschehen; schaue, was wie von selbst geschieht.*' Wie viele Menschen habe **ICH** in dein Leben geführt, habe sie deinen Weg kreuzen lassen, damit Du durch ihre Worte, durch ihre Botschaft für Dich, Dich leiten lässt zu neuen Erfahrungen. Damit Du Dich endlich aus all dem Alten, Dich doch so Bedrückenden löst, Dich frei machst für all das Neue, für all die neuen Dich beglückenden Erfahrungen. Aber immer wieder hast Du so sehr an dem Alten, deinen alten Beziehungen festgehalten, obwohl sie sich schon lange überlebt und damit erfüllt hatten. Du warst so voller Angst vor dem Neuen, so ohne Bereitschaft, ein Risiko einzugehen. Immer darauf bedacht, an all dem festzuhalten, was Dir vermeintliche Sicherheit gab, ohne dabei zu bemerken, wie sehr Du Dich selbst vom Fluss des Lebens abgeschnitten hattest.

So war da immer mehr das dumpfe Gefühl, dass das wahre Leben an Dir vorbeifließt, vorbeigeht. Du standest da und wusstest nicht, warum Du Dich so sehr alleine, ohne **Sinn**, ohne Ziel fühltest. Auch scheinbar ohne wirkliche, Dich tief erfüllende Aufgabe, die deinem Leben wieder einen Sinn gegeben hätte.

Das Schlimmste für Dich war, dass da nichts Dich wieder in diesen schon einmal gekannten, gefühlten Zustand des **sinnvollen Lebens** zurückbringen konnte. Diese Erkenntnis war für Dich die Schlimmste! All deine alten Spiele, die Dir früher so viel Freude bereiten konnten, machten nun überhaupt keinen **Sinn** mehr. Viel schlimmer, die Freude und der daraus für Dich resultierende Lustgewinn wollten sich einfach nicht mehr einstellen. Diese Erkenntnis lähmte Dich dann vollends und Du fühltest Dich in einer Sackgasse, aus der es scheinbar kein Entrinnen und vor allem keinen Rückweg gab.

Da stehst Du nun und weißt nur, es gibt keinen Weg zurück! Der Weg nach vorne, dein Fühlen und Wünschen in Dir möchte so gerne nach vorne gehen, aber dies macht Dir so viel Angst, da Du ja gar nicht mehr weißt, wie es weitergehen soll?

Am besten mit mir!

ICH, deine **Seele**, der Vermittler, die Vermittlerin zu Gott, deinem göttlichen **Sein** in Dir. **ICH** bin da, ich bin doch bei Dir, immer, schon immer und werde es immer sein.

Wie sehr schon freue **ICH** mich auf den Augenblick, ja es ist nur ein Augenblick, indem Du Dich endlich wieder mir, deiner **Seele**, zuwendest, Dich mir öffnest, um endlich doch zu erfahren, wie sehr Du getragen und geliebt wirst durch mich!

Sobald Du all deine Aufmerksamkeit, all dein Vertrauen ausrichtest auf mich, deine **Seele**, wirke **ICH** segensreich für Dich und durch Dich. Dann ist all dein Denken und Fühlen von deiner Seite aus einfach immer wieder auszurichten auf mich. Die Kraft deines Vertrauens ermöglicht es mir, deiner **Seele**, nun alles in deinem Leben auf Seelenebene zu lösen. Dadurch wirst Du von einer göttlichen Fügung zur nächsten geführt und gleichgültig, was dann in deinem Leben geschieht, Du bist stets in einem inneren Zustand der Ruhe und Gelassenheit. Denn tief in deinem Innern weißt Du mit einer vollkommenen Klarheit, in allem wirke **ICH**, deine **Seele**, und so ist alles, was Dir geschieht gut, alles hat einen tiefen **Sinn**.

Weißt Du, wie einfach und lebenswert nun alles auf einmal ist, wie viel Ruhe und auch Gelassenheit in Dir sich nun ausbreitet? Auch wenn Du Dich in scheinbar herausfordernden Lebensaufgaben/Situationen befindest?

All das, was Dir nun in deinem Leben widerfährt, erfüllt Dich trotz allem mit einer tiefen Gelassenheit. Selbst dann, wenn Dir dein Verstand etwas anderes sagen möchte, bist Du Dir in deinem Fühlen nun stets so sicher. Jetzt weißt Du aus deinem inneren Fühlen heraus, was für Dich und dein Leben gut ist. Du fühlst so klar, welche Dinge für Dich gut sind, zu Dir passen. Ganz eindeutig ist Dir klar, wo Du handeln sollst, welche Entscheidungen für Dich sinnvoll sind und dies mit einer solch tiefen Klarheit, dass Du nun endlich frei bist von deinen intellektuellen Zweifeln. Nun zum ersten Mal in deinem Leben **weißt Du**, und dieses Wissen ist so klar, so stark, dass Du erfüllt bist von diesem tiefen Gefühl des Vertrauens. Jetzt ist Dir auch ganz bewusst, deine Gebete sind erhört/erfüllt, denn nun wirke **ICH**, deine Dich liebende **Seele**, in Dir und durch Dich. Jetzt ist dein Leben so sinnvoll (vollen Sinnes). In allem deinem **Tun** liegt ein tiefer Sinn, nun fühlst Du Dich auch so geführt und geleitet.

Dein bisheriges Leben erscheint Dir immer mehr wie ein Traum (manches Mal ein Albtraum), denn diese innere Gewissheit, aufgebaut und resultierend auf diesem so klaren Gefühl, verhilft Dir, dein Leben nun selbst in die Hand zu nehmen. Jetzt ist dein Wirken, jetzt sind deine Entscheidungen durchdrungen von einer tiefen Gewissheit, richtig zu handeln, auf dem richtigen Weg zu sein, dein Leben ergibt wieder einen **Sinn**.

ICH, deine **Seele**, frohlocke, denn auch **ICH** empfinde nun eine tiefe Freude. Bin **ICH** doch eins mit Dir in Dir und

Du fühlst mich und dein Leben/Erleben ist durchdrungen von sinnvollen Erfahrungen. Jetzt können wir gemeinsam voranschreiten und all die Bestimmungen, selbst von Dir vor diesem Leben ausgewählt, nun eine nach der anderen erfüllen, erfahren.

Ja, jetzt leben wir gemeinsam eine wahrhaft sinnvolle Inkarnation. Die Bedeutung deines Lebens und die damit verbundene Lebensqualität hat solch eine Steigerung erfahren, dass es Dich verwundert, wie Du jemals ohne dies alles leben konntest?

Dein bisheriges Leben, all deine gemachten Erfahrungen, auch die so schmerzvollen, waren notwendig, um Dich in diesen nun gefühlten Zustand zu versetzen. Jetzt erfüllt es dein Bewusst-Sein, dass **ICH** und deine geistige Familie es waren, die Dich von einer zur anderen Lebenserfahrung geführt haben.

Ja, Du warst schon immer geführt unter der Einhaltung deines freien Willens. Doch nun, da Du diese klare Führung in deinem eigenen Inneren durch dieses gefühlsmäßige Wissen wahrnimmst, ist diese gefühlte Klarheit in Dir gleichzeitig auch das Wissen über mich, deine **Seele**. Jetzt bist Du ein **bewusst beseeltes Wesen**, eins mit mir, deiner **Seele**, verbunden und in Kontakt mit deinem Schutzengel, deiner Dich umgebenden geistigen Familie. Wiederhergestellt ist die Dreiheit Körper-Seele-Geist.

Was jetzt? Jetzt beginnt dein richtiges Leben und auch ein neues Kapitel.

Der Sinn deines Lebens (Teil 1)

Nun, da wir beide wieder vereint sind, ist es mir eine besondere Freude, Dich einzuweihen in dein persönliches Schicksal, die Bestimmung und den Sinn deines persönlichen Lebens. Die vielleicht Wichtigste und gleichzeitig größte Wahrheit ist, es gibt Dich jetzt, hat Dich bereits vor deiner Geburt gegeben und es wird Dich auch nach deinem körperlichen **Tod** geben!

Dieses dein jetziges Leben ist eine genaue Fortsetzung all deiner bisherigen Leben. Eingewoben in ein ganz feines Karma-Muster und so sind die Bedingungen dieses deines Lebens, und damit auch viele deiner Lebenserfahrungen ein direkter Zusammenhang mit all dem von Dir in anderen Leben erlebten Erfahrungen.

Auch wenn Du nichts oder wenig von deinen bisherigen Leben weißt, so hängen diese alle mit dem gerade von Dir Erlebten sehr stark zusammen.

Viele von den Menschen, die Du jetzt in deinem Leben triffst oder die Dich bereits umgeben, sind teilweise alte Bekannte. Die Dir nun wieder begegnen, damit Ihr weiterspielt gemäß diesem **‚Spiel des Lebens'**. Sei gewiss, Ihr spielt so perfekt eure vergebenen Rollen, so perfekt.

Könntest Du Dich nur einmal von außen sehen und miterleben, wie sehr Du teilweise an deinem Dir selbst auferlegten Lebensplan festhältst oder auch von ihm abweichst.

Oh ja, mein Engel, deine Dir selbstgemachten Vorgaben zu erfüllen, ohne sich ihrer bewusst zu sein, dies ist Dir jetzt nur möglich, wenn Du bereit bist, auf diese feine innere Stimme in Dir immer dann zu hören, sobald Du auch das dazugehörige **gute Gefühl** wahrnimmst. Dieses gute Gefühl, welches Dir klar und eindeutig vermittelt, ja, es ist gut, so zu handeln.

Nun zu deinem klaren Verstehen, wer Du bist und welche Bedeutung deinem Leben zugrunde liegt. Da ist es erst einmal für Dich von großer Bedeutung zu wissen, Du bist in erster Linie ein geistiges Wesen. Welches sich aus einem einzigen Grunde **freiwillig** hineinbegeben hat in diesen Dich umgebenden, quasi wie eine Hülle, materiellen Körper.

Dieser Grund ist so bedeutend und einzigartig, denn ist es doch der Grund, warum Du überhaupt hier bist und dieses Leben lebst.

Je mehr und umso deutlicher Du Dir bewusst bist, dass Du viel mehr bist als dieser Körper, den Du doch nur bewohnst, solange Du an diesem **‚Spiel des Lebens'** teilnimmst.

Aber dieser Körper, so fantastisch und wundervoll er auch ist, dieser Körper ist in aller Konsequenz nur eine Maschine, ein Vehikel. Über diesen nimmst Du, das freie Seelenwesen, teil am **‚Spiel des Lebens'** und machst die für Dich alle so sinnvollen Erfahrungen.

Weißt Du, all diesem **Sein** liegt nur eines zugrunde und dies ist **Liebe**, die Liebe der Quelle allen **Seins** zu ihrer eigenen Schöpfung. Diese Liebe kreiert das Wertvollste, **die Freiheit**. Diese Freiheit zeigt sich täglich in deinem persönlichen Leben, indem es Dir zu jeder Sekunde deines **Da-Seins** möglich ist, Dir die Möglichkeit gegeben wird, vollends frei zu handeln. Frei zu entscheiden und damit immer all das zu erleben, für was auch immer Du Dich entscheidest.

Natürlich hast Du keine Vorstellung, was alles im Hintergrund deines Lebens abläuft, damit all deine Entscheidungen korrespondieren mit all den Menschen in deinem Umfeld. Damit aus diesen Wechselwirkungen deiner und ihrer Entscheidungen ein für alle gültiges Lebensausdrucksmuster sich ergibt.

Kein Mensch auf diesem Planeten kann sich vorstellen, welch enorme geistigen (Engel-)Kräfte selbst bei einfachen eurer Entscheidungen wirken. Auch wenn Du es persönlich meist gar nicht oder nur sehr wenig wahrnimmst, bist Du stets umgeben von einer ganzen Schar von geistigen Helfern. Deren Aufgabe ist es, deinen freien Willen durch ihre Kräfte, durch den Einsatz ihrer Kräfte zum Ausdruck zu bringen.

Dem allem liegt aber notwendigerweise immer einzig und allein dein Lebensziel, dein für Dich zu erbringendes Lebensausdrucksmuster zugrunde. Nur für die Erfüllung dieses Musters ist alles in Dir und um Dich darauf abgestimmt.

Dein persönliches Lebensglück, deine Fähigkeit, Freude in diesem deinem Leben zu erfahren, hängt im Wesentlichen davon ab, inwieweit Du in der Lage bist, bewusst oder auch unbewusst diesem **Lebensausdrucksmuster zu folgen**. Ihm zu folgen, es zu erfüllen, erzeugt in Dir automatisch Freude. So wie die Erfüllung Freude in Dir entstehen lässt, erzeugt deine Weigerung, ob bewusst oder unbewusst, automatisch all das Leid, all die Schmerzen in deinem Leben.

Erkennst Du nun, wie wichtig und welche große Bedeutung es hat, dass Du Dir dieser deiner persönlich ent-

worfenen Lebensbestimmung, deines Seelenplanes bewusst wirst?
All deine momentanen so quälenden, Dich so bedrückenden Probleme ergeben, verglichen im Wissen und der Erkenntnis deines Lebensplanes, plötzlich so viel **Sinn**, so viel Notwendigkeit. Zeigt Dir doch dieser von Dir freiwillig zu erfüllende und zu erfahrende Lebensausdrucksplan, dass alle deine Lebenssituationen in aller Konsequenz nur einem dienen! All das zu erfüllen, was Du Dir vor diesem Leben selbst als Lebenserfahrungen freiwillig ausgewählt hast.

So bist Du bisher und wirst es auch **weiterhin** nur konfrontiert mit dem an Erfahrungen, die diesem deinem Lebensplan dienen und durch die er Erfüllung findet.

Die große Frage, die sich Dir nun hiermit stellt, ist die Frage über: **‚Was ist denn nun dieser MEIN Lebensplan?'** Welche Erfahrungen, die ich mir vor diesem meinem Leben als für mich zu Erfahrende ausgewählt habe, beinhaltet er? Welches Lebensmuster liegt diesem meinem Leben zugrunde?

Dies mein geliebtes Seelenwesen ist der Hauptgrund, wofür dieses Buch **‚für Dich'** geschrieben wurde! So Du nun aus deinem tiefsten Herzen danach fragst, soll es Dir jetzt offenbart werden.

So höre und lass dein **Sein** sich erfüllen von der Wahrheit Gottes in Dir!

Bevor Du in dieses dein neues Leben eingetreten bist, warst Du ein vollkommenes Wesen der rein geistigen Welt. Eingebettet in die Dich umgebende geistige Welt hast Du aus deinem eignen **Sein**, deinem in Dir vorhandenen Willen, Dich weiter voran zu entwickeln, Dir ein neues Erdenleben kreiert, um in diesem neuen Erdenleben die für Dich neuen und sinnvollen Lebenserfahrungen zu sammeln, die noch für deine Vollkommenheit Dir fehlen. Deine Erfahrungen gemacht in all den vielen Erdenleben, hat in Dir ein vollkommenes Gesamtlebensmuster erschaffen und dieses Gesamtlebensmuster ist erfüllt von sehr vielen Lernprozessen und Erfahrungen, die Du in all deinen bisherigen gelebten Leben erfahren hast. Dein eigener **Gesamtlebensmusterplan** zeigt Dir, welche Erfahrungen von Dir noch nicht gemacht wurden und zeigt das noch Fehlende.

So war es deine Dir übertragende Aufgabe, vor diesem deinem Leben Dir ein neues Lebensmuster selbst aufzuerlegen. Zusammengestellt aus all den noch von Dir zu machenden Erfahrungen. So wurde auch von Dir die genaue Zeit festgelegt, die Zeit deiner Geburt, die durch die genaue Festlegung automatisch ein ganz persönliches und spezielles **Lebenserfahrungsmuster** ergab.

Durch deine Festlegung deines Lebensplanes, der Festlegung deiner speziellen Geburtszeit entstand im selben Augenblick auf der geistigen Seite quasi eine Blaupause deines gesamten Lebens, eingebettet in diese Blaupause alle deine wesentlichen von Dir zu machenden Erfahrungen als menschliches Wesen in einem materiellen Körper.

Bereits vor deiner Geburt lag auf der geistigen Seite der komplette Plan deines neuen Erdenlebens vor. **Ein Plan, der ganz klar und detailliert spezielle Lebenserfahrungen, teilweise zu sehr genau festgelegten Zeitzyklen, vorsieht**. Ein gesamter Lebensplan, festgelegt von Dir selbst, **bereits noch vor deiner Geburt**. Erkennst

Du die Größe und die Bedeutung dieser Aussage, erkennst Du die Wichtigkeit dieses deines Erdenlebens?

Ein Leben, eingebunden in eine ganze Reihe, eine sehr lange Kette von vielen Erdenleben. Ein Leben, das aufbaut auf all die anderen Leben und gleichzeitig die automatische Fortführung all dieser anderen Leben ist.

Fühlst Du die Größe all dessen?

Was Dir aber gerade jetzt und hier in deinem persönlichen Leben so vorkommt, als gebe es nur dieses eine von Dir gerade jetzt gelebte und erfahrene Leben.

Oh, geliebtes Menschen-Selbst, erfühle die Größe und die Erhabenheit, die sich hinter deinem scheinbar so einfachen und belanglosen Leben in Wahrheit abspielt.

So liegt es nun an Dir, Dich ganz bewusst in diesem besonderen Leben, gelebt von Dir in einer ganz besonderen Zeit, nun zu erinnern. Dich auch zurückzuversetzen in die Erkenntnis all dessen, was Du Dir für dieses dein von Dir gerade gelebtes und erfahrenes Leben vorgenommen hast. Das Wichtigste dabei ist, welches Lebensziel hast Du Dir vor deiner Geburt ausgewählt, um es gerade in dieser so bedeutenden und speziellen Zeit hier auf Erden zu erfüllen?

Kannst Du erkennen, dass alle deine bisher gemachten Erfahrungen in direktem Zusammenhang stehen, mit diesem deinem von Dir selbst gewählten, zu erfüllenden Lebensziel?

Wie sehr hängt dein gesamtes Leben zusammen mit diesem übergeordneten Lebensziel? Wie sehr sind die Bedeutung und die Erfüllung dieses Lebenszieles genau das, was deinem Leben immer wieder Sinn und Richtung gibt?

So stellt sich Dir nun, mein geliebter inkarnierter Seelenanteil, hier und jetzt nur eine einfache, aber Dich alles durchdringende Frage:

Was ist dieser Lebenssinn, den Du Dir selbst in göttlicher Weisheit als Ziel für dieses Leben gesetzt hast?

Um Dir eine klare Antwort auf diese so wesentliche, nützliche und sinnvolle Frage zu geben, wird es Zeit für ein neues Kapitel."

Das Geheimnis deines Geburtsdatums

„Du selbst hast für die Erfüllung deines Lebenssinnes eine ganz spezielle Zeit als Datum gewählt. So ist deine Geburtszeit kein Zufall, sondern eine sehr gut ausgewählte, festgelegte und ganz spezielle Zeit.

Nur durch diese ganz besondere Zeit ergibt sich ein für Dich persönlich wirksames Lebensmuster. Dieses Lebensmuster setzt sich zusammen aus deinem Tag, Monat, Jahr und deiner Geburtszeit.

Zu deinem Verständnis eine psychologische Metapher:

> **‚Während deine Seele noch in Dir schlummert, spricht Gott zu Dir in Zahlen.'**

Zwei Zahlen deines Geburtsdatums sind hierbei von besonderer Bedeutung, da diese Dir dein anvisiertes Lebensziel und den dafür optimal geeigneten Weg aufzeigen. Dies sind dein Geburtstag und die Zahl, die sich aus der Addition der einzelnen Zahlen deines gesamten Geburtsdatums ergeben, die sogenannte Quersumme. In eurem Sprachgebrauch wird dies die Lehre der Zahlenbedeutung oder auch Numerologie genannt. So wäre es nun am besten, hierfür einen Spezialisten zu Wort kommen zu lassen.

Das, nun geliebter Meister des Wortes und der Zahlen, ist deine Aufgabe, denn dafür bist Du wahrhaft göttlich ausgebildet."

[Die Wahl deines persönlichen Geburtstages bereits vor deiner Geburt, in der geistigen Welt, legt das Ziel für dieses dein Leben fest. So lass uns nun die Bedeutung der einzelnen Zahlen erkennen, damit Du Dich wieder an dein Ziel für dieses Leben, für diese Inkarnation erinnerst.]

1

Hast Du Dir den 1., 10., 19. oder den 28. als Geburtstag gewählt, so hast Du Dir als Erfahrung/en und als Lebensziel die Entfaltung deiner Persönlichkeit gewählt.

Immer wieder wird es in deinem Leben um das Thema gehen, schaue nach Dir selbst. Das Zentrum deines Lebens und all deiner Erfahrungen, das bist Du. Immer wieder führt Dich das Leben zu Dir selbst zurück, vor allem zu der Wahrnehmung deiner eigenen Bedürfnisse und Wünsche.

Die 1 ist der Katalysator, deine eigene, individuelle Persönlichkeit zum Ausdruck zu bringen, dein eigenes **Sein**. Auch wenn es andersartig ist und evtl. sehr abweicht von dem, was Menschen in deinem Umfeld so im Allgemeinen tun.

Die 1 verhilft Dir dazu, immer wieder zu Dir selbst zurückzukehren, zu deinem persönlichen Lebensausdruck, zu dem wirklichen Wollen in Dir. Sie sagt Dir, ruft Dir förmlich zu, sei Du selbst, sei individuell, sei ein Individualist. Denke und handle eigenverantwortlich, achte bei allem auf Dich selbst. Du bist der Mittelpunkt deines Lebens, Du allein. Sei Du das Zentrum und lass alles andere wie konzentrische Kreise von Dir ausgehen, aber sei Du die Mitte und bleibe auch in der Mitte.

Du bist auch der Mittelpunkt deiner Umwelt, deiner gesamten Familie, so heißt es auch, sei stark, sei kraftvoll in und vor allem bei Dir.

1 = Sei eine starke, individuelle Persönlichkeit, Individualität

2

Hast Du Dir den 2., 11., 20., 29. als Geburtstag gewählt, so hast Du Dir die Erfahrung/en und als Lebensziel die Entfaltung deines Denkens gewählt. Die 2 ist die Zahl des Bewusstseins und so ist dein ganzes Leben geprägt vom Denken. Das Rationale, das Abstrakte ist dein Thema. Immer geht es in deinem Leben darum, die Dinge zu verstehen. Ein enormes Wissensbedürfnis treibt Dich innerlich an. Du willst lernen, wissen, verstehen. Immer wieder führt Dich das Leben in Situationen, in denen Du nur durch das Verstehen des Ganzen zur jeweiligen Lösung findest.

Bewusst zu leben und zu erkennen, dass hinter allem ein tiefer Sinn liegt, ist auch die Aufgabe der 2. Die 2 hilft Dir, Frieden zu schließen mit deinen Gedanken, damit Du all das, was sich da täglich, stündlich in Dir abspielt, als zu Dir gehörig anerkennst. Diese **alle** deine Gedanken als zu Dir gehörig erkennst, sie annimmst, auch die scheinbar so schlimmen. Zeigen sie Dir doch nur das von Dir Abgelehnte, Abgestoßene. Durch sein Erscheinen zeigt es Dir nur, dass es angenommen werden möchte.

So ist die Aufgabe der 2, akzeptiere die geistige Kraft, dein Denken und nutze dein Denken zur Lösung all deiner Aufgaben. Liebe es, dass dein wacher Verstand alles verstehen will! Dies ist schließlich seine und deine Aufgabe!

2 = Denken, verstehen, bewusst leben

3

Hast Du Dir den 3., 12., 21. oder 30. als Geburtstag gewählt, so hast Du Dir die Erfahrung/en und als Lebensziel die Entfaltung deiner Entschlussfähigkeit und deines eigenen Willens gewählt. In all deinen Lebenserfahrungen heißt es immer wieder, wird es Dir förmlich aufgedrängt, entscheide Dich, triff eine Wahl. Je unentschiedener Du bist, umso mehr drängt Dich das Leben in Situationen, in denen Entscheidungen von Dir verlangt werden. So ist für Dich das Treffen einer Wahl immer die beste Wahl, denn aufgrund von Unentschlossenheit erfährst Du nur noch mehr Druck in deinem Leben, der scheinbar von außen auf Dich einströmt. In Wahrheit ist es deine eigene innere Unentschlossenheit, dein Dich ja nicht festlegen wollen, um auf gar keinen Fall einen Fehler zu begehen, eine falsche Entscheidung zu treffen.

So bedenke, dass eine falsche Entscheidung immer noch besser ist als gar keine Entscheidung.

Auch ist es bei dieser Zahlenqualität der 3 enorm von Bedeutung, dass Du lernst zu denken, noch viel wichtiger zu sagen ‚ich will' oder auch ‚ich will nicht', also Dich durch ein deutliches **‚Nein'** abzugrenzen von meist sehr egoistischen Forderungen deiner Umwelt.

3 = Wille, Entschlusskraft, sich abgrenzen, Nein sagen

4

Hast Du Dir den 4., 13., 22. oder 31. als Geburtstag gewählt, so hast Du Dir die Erfahrung/en und als Lebensziel die Entfaltung deiner Fähigkeit aktiv zu sein, zu handeln, etwas zu bewegen.
In diesem Leben geht es für Dich darum, aktiv zu sein, zu handeln, Dinge in Bewegung zu bringen, ein/e Macher/-in zu sein. Bringe Dich durch dein Tun zum Ausdruck. Sei Du der Mensch, der seine Welt durch seine Fähigkeit, aktiv zu sein, umgestaltet. Schaffe Neues, indem Du diese Antriebskraft in Dir nutzt.

Lebe in und durch all deine Aktivitäten und vor allem liebe stets das, was Du tust, lege deine ganze Aufmerksamkeit in dein Handeln. Bei all deinen Handlungen ist dein Bewusstseinszustand von großer Bedeutung.
So tue alles mit Hingabe, lass Dir Zeit und bedenke, ‚Der Weg ist das Ziel'. Der Weg, alles von Dir Erlebte und Gefühlte sind von Bedeutung und weniger das Ziel oder das Erreichen dieses Zieles.

4 = Tun, Tat, Handlung, aktiv sein

5

Hast Du Dir den 5., 14., 23. als Geburtstag gewählt, so hast Du Dir als Erfahrung/en und als Lebensziel die Entfaltung deines Ordnungsprinzips gewählt. In diesem Leben geht es darum, Ordnung in dein Leben zu bringen. Mache Dir am besten immer wieder eine schriftliche Aufstellung von all dem, was Dir von Bedeutung ist, wo Du hin möchtest. Übernehme Verantwortung für Dich selbst, deine Entscheidungen. Lerne Dir selbst und dem, was sich für Dich gut anfühlt, zu vertrauen. Sei diplomatisch und sehe in allem die Mitte. Sei der Vermittler und bringe die Menschen zusammen. Sei der Botschafter und Überbringer von Wissen, noch besser von Weisheit.

Sei bereit, die Führung zu übernehmen, zu organisieren. Oft bist Du die Zentrale, dort wo alle Fäden zusammenlaufen. Achte aber bei allem auf deine Eigenständigkeit, deinen Freiraum, indem Du Dich frei entfalten kannst. Du bist die Freiheit, Du selbst sein zu können.

5 ist auch die Zahl der Diplomatie, nimm stets die Mitte ein. Sehr oft bist Du als Vermittler zwischen zweier Parteien, sei es im Beruf oder der Familie, notwendig.

Das große Ziel der 5 ist es, lerne in diesem Leben zu tun, was Du möchtest. Werde frei von den Meinungen, Beurteilungen und den Vorgaben anderer. Lebe in Freiheit und mit Freude dein eigenes Leben. Sei Du selbst und habe dabei ein gutes Gewissen.

5 = Führung, Organisation, Diplomatie, Ordnung

6

Hast Du Dir den 6., 15., 24. als Geburtstag gewählt, so hast Du Dir als Erfahrung/en und als Lebensziel die Entfaltung deiner Liebesfähigkeit gewählt. 6 ist die Zahl der Liebe, das Venusprinzip und damit natürlich auch die Fähigkeit, Dich durchzusetzen. Es ist deine Antriebskraft in Dir.

Du bist der Motor in deinem Umfeld. Deine Liebesfähigkeit, diese Kraft in Dir, wenn Du sie zulässt und entfaltest, macht Dich zum Magneten für deine Mitmenschen. Sie suchen deine Nähe, um sich dort aufzuladen. Deine gelebte Liebesfähigkeit verhilft deinem Umfeld, die Liebe in sich selbst zu erkennen und gemäß deinem Beispiel nachzuleben.

Sei Du ein Vorbild für gelebte Nächstenliebe, für Geduld und Nachsicht. Dann erhellst Du diese Welt mit deiner inneren Liebeskraft. Lerne immer wieder Dich selbst und auch dein Leben, dein Umfeld, deine Dich umgebenden Menschen zu lieben und zwar so, wie sie sind, mit all ihren Schwächen, Fehlern und Unzulänglichkeiten.

Sei Du die reine Liebe in all deinem **Sein** und deinem Ausdruck. Bedenke: ‚Wer über die Fehler seiner Lieben nicht mehr lachen kann, der liebt nicht.'

6 = Liebe, Durchsetzung, Antriebskraft

7

Hast Du Dir den 7., 16., 25. als Geburtstag gewählt, so hast Du Dir als Erfahrung/en und als Lebensziel die Entfaltung deiner Lebensfreude gewählt.

7 ist die Zahl der Fülle, des aus dem Vollen schöpfen. Immer wieder wird es Dir in deinem Leben deutlich werden, wie sehr Dir deine freie Ausdrucksmöglichkeit, deine Gedankenfülle, dein Bedürfnis nach Raum, nach Weite und Größe am Herzen liegt.

Mit der Wahl dieses Geburtstages willst Du das volle Leben genießen, deshalb sollte alles bei Dir groß und weit sein, mit viel Platz (z. B. großes Auto, Haus etc.).

Du hast Dir in diesem Leben die Erfahrung der Fülle und der Weite zum Ziel gesetzt.

Die 7 ist auch die Zahl der Intuition und damit für Dich die Aufgabe, Dich ganz der feinen Stimme deines Herzens anzuvertrauen. Höre stets mehr auf das, was Dir dein Inneres, das gute Gefühl sagt und höre wenig auf andere Menschen.

In diesem Leben geht es für Dich darum, finde deinen eigenen Weg, hinterlass Spuren im Sand, gehe deinen Weg. Deine Intuition und dein Bedürfnis nach mehr, nach Größe, nach Bedeutung führen und leiten Dich.

7 = Lebensfülle, Größe, Weite, Vielheit, Intuition

8

Hast Du Dir den 8., 17., 26. als Geburtstag gewählt, so hast Du Dir als Erfahrung/en und als Lebensziel die Entfaltung deiner Harmoniefähigkeit, deiner eigenen inneren Balance und der Wiederherstellung und Aufrechterhaltung des Ausgleichs gewählt.

Du bist der Friedensstifter, der zuerst Ruhe und Gelassenheit in sein eigenes Leben und dann in das Leben seiner Mitmenschen bringt. Immer wieder wird Dich das Leben oder dein Schicksal in Lebenssituationen führen, in denen es für Dich darum geht, auch wenn es scheinbar im Außen noch so disharmonisch ist, heißt es dennoch immer für Dich, erschaffe Ruhe, Ausgeglichenheit und Harmonie in Dir und dann strahlt diese Harmonie hinaus in die Welt.

Verstehe, es ist deine Aufgabe, immer wieder in Dir selbst in Harmonie zu sein. Nur deshalb kommst gerade Du immer wieder in disharmonische Verhältnisse und Umstände. (Du bist wie ein Regenschirm, er wird immer dann gebraucht, wenn es regnet, selten bei Sonnenschein und er freut sich über den Regen). So freue Dich über Disharmonie, die Du in Harmonie verwandeln kannst.

8 ist auch die Zahl der Macht und des Geldes, somit heißt es für Dich in diesem Leben auch, Dich mit deiner Macht oder auch evtl. Deiner Machtlosigkeit auseinander zu setzen.

8 = Harmonie, Ausgleich, Balance, Macht, Geld

9

Hast Du Dir den 9., 18., 27. als Geburtstag gewählt, so hast Du Dir die Erfahrung/en und als Lebensziel die Entfaltung deiner Fähigkeit des Loslassens gewählt.
Immer wieder stellt Dich dein Leben, deine Lebenssituationen vor diese große Aufgabe, Dinge, Menschen, Berufliches voller Vertrauen loszulassen, um weiterzugehen. Dich immer wieder voller Vertrauen all dem zu öffnen, was da auf Dich an Neuem wartet.

Auch will die 9 Bewegung, Veränderung und immer wieder Neues kreieren. Die Qualität der 9 kann Dir ein sehr aufregendes und enorm abwechslungsreiches Leben bieten. Aber auch eines, welches geprägt ist von Schmerz und Leid immer dann, sobald Du in deiner Angst vor Verlust und deinem fehlenden Vertrauen in dein göttliches **Sein** stets am Alten und Vertrautem festhältst. So lange, bis es Dir scheinbar durch die sogenannten Schicksalsschläge genommen wird.

Je mehr Du lernst, Dich deiner inneren Weisheit anzuvertrauen, Dich immer mehr zurücklehnst und Dir anschaust, was das Leben Dir zu bieten hat, wirst Du erkennen, dass alles, was zu Dir gehört, stets zu Dir geführt wird und Dich nur solches verlässt, was sich für Dich erledigt hat. So lass das Neue in dein Leben treten, wo immer es will, sei offen für den Fluss des Lebens.

9 = Bewegung, Veränderung, Neues, Loslassen, Weisheit

0

Die 0 ist das Göttliche, das Prinzip der Vollkommenheit und der Spiritualität.

Sobald die 0 als Zahl hinzukommt, wie bei den Geburtstagen 10., 20., oder 30., kommt hier zu der Grundbedeutung der ersten Zahl 1, 2, oder 3 immer die Bedeutung der Zahlenqualität 0 hinzu.

Was bei allen, die am 10. Geburtstag haben, die Bedeutung hat, sei eine vertrauensvolle, eine spirituelle Persönlichkeit.

Was bei allen, die am 20. Geburtstag haben, die Bedeutung hat, sei eine intuitive Persönlichkeit, entwickle und lebe deine Intuition, dein spirituelles Bewusstsein.

Was bei allen, die am 30. Geburtstag haben, die Bedeutung hat, sei durchdrungen vom göttlichen Willen, bringe den Willen Gottes, deiner göttlichen **Seele** zum Ausdruck.

0 = Glaube, Vertrauen, Spiritualität, Vollkommenheit, aber auch zwingende Wandlung

Besonderheit

Für alle, die am 4., 13., 22., 31. und **viel** mehr noch für alle, die am 8., 17., 26. Geburtstag haben, wurde hier von Dir selbst in weiser Voraussicht vor diesem Leben, in der geistigen Welt von Dir der besondere Geburtskanal der 8, 17, 26 und in abgemilderter Form der Geburtskanal der 4, 13, 22, 31 gewählt, damit Du nun endlich in diesem momentanen Leben längst fällige karmische Schulden endlich ausgleichst. So bietet Dir gerade dieses Leben ständig die Gelegenheit, alte Lasten auszugleichen, Dich zu befreien.

Sehr häufig hängt dies mit anderen Menschen zusammen, die gerade deshalb in dein Leben treten, damit dieser karmische Ausgleich nun endlich stattfinden kann. Oft hast Du gerade in anderen Leben vermieden, das fällige Karma mit diesen Menschen auszugleichen, und so zwingt Dich jetzt in diesem Leben dieser besondere Geburtskanal, ganz besondere Lebenserfahrungen zu machen, damit nun endlich Ausgleich und dadurch Heilung stattfindet. Deshalb wirst Du mehr als andere Menschen schicksalhafte Erfahrungen durchleben dürfen, aber ab jetzt in dem Wissen, dass diese für deine persönliche Entwicklung so bedeutend und von Dir selbst gewählt sind.

Diese deine Wahl verhilft Dir in diesem Leben einen so großen Schritt nach vorne zu tun, denn gerade die Lernschritte, genau die so dringend von Dir zu erlebenden Erfahrungen sind es, die endlich in diesem Leben von Dir gelöst und auch geheilt werden.

Also freue Dich und lebe dein Leben in dem Wissen, dass Dir dieses Leben mit seinen Erfahrungen die Gelegenheiten bietet, Dich endlich zu befreien und dein Selbst, deine Seele zu heilen.

Dies erstmal zu der Bedeutung deines Geburtstages.

So wie der Geburtstag Dir das Ziel anzeigt, das Ziel, das Du Dir für dieses Leben vorgenommen hast und die damit einhergehenden, automatischen Lebenserfahrungen.

So zeigt Dir die Zahl, die sich aus der Quersumme deines gesamten Geburtsdatums ergibt, welchen Weg Du gewählt hast.

Dieser **optimale Weg,** der Dich genau am besten, effektivsten zu der Erfüllung deines Lebenszieles führt.

Die Quersumme deines gesamten Geburtsdatums zeigt Dir diesen für Dich so wichtigen und optimalen Weg.

Sobald Du Dich auf diesem optimalen Weg befindest, bist Du stets zur besten Zeit am besten Ort. Alles fließt Dir ganz von selbst zu. Du fühlst Dich getragen und geführt und alles fließt wie von selbst.

Hierzu einige Beispiele:

6.11.1956	= 6+1+1+1+9+5+6	= 29 = 2+9 = 11 = 1+1 =	**2**
5.6.1960	= 5+6+1+9+6+0	= 27 = 2+7 =	**9**
9.4.2006	= 9+4+20+0+6	= 39 = 3+9 = 12 = 1+2 =	**3**
12.7.1974	= 1+2+7+1+9+7+4	= 31 = 3+1 =	**4**
9.4.2005	= 9+4+20+0+5	= 38 = 3+8 = 11 = 1+1 =	**2**
5.2.1983	= 5+2+1+9+8+3	= 28 = 2+8 = 10 = 1+0 =	**1**
5.6.1947	= 5+6+1+9+4+7	= 32 = 3+2 =	**5**
10.10.1950	= 1+0+1+0+1+9+5+0	= 17 = 1+7 =	**8**
25.6.1937	= 2+5+6+1+9+3+7	= 33 = 3+3 =	**6**
10.12.1992	= 1+0+1+2+1+9+9+2	= 25 = 2+5 =	**7**

Hast Du Dir als **Quersumme die 1** gewählt, so ist dein optimaler Weg in diesem Leben, anders zu sein als andere, individuell zu sein, Dich abzugrenzen, deinen eigenen Weg zu gehen, sei eigenständig und mache all das, was für Dich von Bedeutung ist, sei frei von den Meinungen anderer.

Hast Du Dir als **Quersumme die 2** gewählt, so ist dein optimaler Weg in diesem Leben, bewusst mit allem umzugehen, lebe ein bewusstes Leben, suche in allem den Sinn, suche den Sinn hinter all dem Ganzen, entwickle dein Verständnis, indem Du lernst, andere zu verstehen, weil Du Dich in sie, ihre Lebensumstände hineinversetzt.

Hast Du Dir als **Quersumme die 3** gewählt, so ist dein optimaler Weg in diesem Leben, immer wieder ganz bewusst Dich zu erinnern, dass eine schlechte Entscheidung immer besser ist, als keine Entscheidung zu fällen. Denn dein Weg ist, entscheide Dich und so wird Dich natürlich das Leben immer wieder vor die Aufgabe stellen, Dich zu entscheiden. Lerne auch klar zu erkennen, was Du wirklich willst, sage ‚Ja', wenn Du Ja meinst, und sage
‚Nein', wenn Du Nein meinst.

Hast Du Dir als **Quersumme die 4** gewählt, so ist dein optimaler Weg aktiv zu sein. Überwinde deine Angst, Unlust, deine Angewohnheit, alles lieber bei Altem zu belassen und sei aktiv, habe den Mut, Dinge anzupacken, umzusetzen. Handle und mache etwas.

Hast Du Dir als **Quersumme die 5** gewählt, so ist dein optimaler Weg, für deine Bereitschaft verantwortlich zu sein, Verantwortung zu übernehmen. Sei bereit zu führen, zu organisieren, sei diplomatisch, indem Du stets das Verbindende suchst. Lerne nur das zu tun, was Du selbst auch wirklich möchtest und beende es, Dinge zu tun, nur um es anderen recht machen zu wollen.

Hast Du Dir als **Quersumme die 6** gewählt, so ist dein optimaler Weg, gehe liebevoll mit Dir selbst um. Nutze die Kraft der Liebe in Dir als Antriebskraft für die Dinge, die Dir wirklich am Herzen liegen. Lebe bewusst die Liebe zu deinem Nächsten, sei darin ein Vorbild für deine Umwelt.

Hast Du Dir als **Quersumme die 7** gewählt, so ist dein optimaler Weg, lebe und handle stets intuitiv. Handle immer dann, sobald sich für Dich spontan ein gutes Gefühl ergibt und vertraue diesem guten Gefühl in Dir. Entwickle mehr Freiraum in deinem Leben, lebe großmütig und großzügig. Sei ein Vorbild für Fülle.

Hast Du Dir als **Quersumme die 8** gewählt, so ist dein optimaler Weg, sei der Friedenstifter, bringe Harmonie und Frieden in dein eigenes und das Leben deiner Mitmenschen. Sei Du der Ruhepol dieser Welt und lerne bewusst mit Geld und Macht umzugehen.

Hast Du Dir als **Quersumme die 9** gewählt, so ist dein optimaler Weg, sei bereit, immer wieder loszulassen, Situationen, Menschen. Öffne Dich stets dem Fluss des Lebens und lass das Neue überall dort zur Welt kommen, wo es will.

Sei bereit für Bewegung und Veränderung, und hüte Dich vor allem vor Sturheit, denn sie ist dein größter Feind. Sei beweglich und flexibel und nehme immer wieder in deinem Leben vertrauensvoll das Neue an und lasse das Alte los.

Wichtig: Kommt bei deinem Weg die 0 hinzu, wie bei der Quersumme 20, 30, 40, 50, 60 oder 28/10/1, 37/10/1, 46/10/1, dann ist hier die Botschaft zu vertrauen und Spiritualität zu entwickeln.

Die Bedeutung deiner Jahresaufgabe

In jedem Jahr endet immer mit deinem Geburtstag die so genannte Jahresaufgabe und gleichzeitig beginnt eine neue. Für dein Leben und deine Erfahrungen ist es von enormer Wichtigkeit, die zu erfüllende Aufgabe eines jeden Jahres genau zu kennen und bestmöglich auf die Erfüllung dieser Aufgabe zu achten. Die sich daraus ergebenden neun Jahresrhythmen fangen immer im Einser-Jahr an und enden im Neuner-Jahr.

Die Aufgabe des Jahres ergibt sich aus der Bildung der Quersumme. Dazu wieder einige Beispiele:

12.9.2007	= 1+2+9+20+0+7	= 39	= 3+9 = 12 = 1+2 =	**3**
10.4.1998	= 1+0+4+1+9+9+8	= 32	= 3+2 =	**5**
25.10.2007	= 2+5+1+0+20+0+7	= 35	= 3+5 =	**8**
29.5.1980	= 2+9+5+1+9+8+0	= 34	= 3+4 =	**7**
5.5.2008	= 5+5+20+0+8	= 38	= 3+8 = 11 = 1+1 =	**2**
25.3.2007	= 2+5+3+20+0+7	= 37	= 3+7 = 10 = 1+0 =	**1(0)**

In einem Einser-Jahr

ist immer die Qualität der Zahl 0 mit von entscheidender Bedeutung, somit ist die Aufgabe des Einser-Jahres (besser 10er-Jahres) **Neubeginn**. Das eigene Sein wieder in den Vordergrund stellen, hier wird die Saat gelegt für die nächsten 8 Jahre, somit ist das Einser-Jahr immer die Möglichkeit, ganz neu zu beginnen!

Wichtig: Alle Entscheidungen, die wir in einem Einser-Jahr treffen, worauf wir uns in diesem Jahr ausrichten, all das, womit wir uns beschäftigen, was uns wichtig ist, worauf wir uns auch gefühlsmäßig einlassen, dies wird für uns **richtungsbestimmend für die nächsten 8 Jahre!**

In einem Zweier-Jahr

ist die Gelegenheit und auch die Aufgabe des Jahres, sich bewusst zu werden über das, was wir in einem Einser-Jahr in uns getragen haben, wofür wir uns entschieden haben. Der Plan, das weitere Vorgehen, die Umsetzung und die weitere Durchführung sind jetzt von Bedeutung und dies alles gilt es, sich bewusst zu machen, darüber nachzudenken.

In einem Dreier-Jahr

geht es eindeutig darum, sich für die im Einser-Jahr gemachten Entscheidungen ganz klar nochmals zu entscheiden. Sich vor allem innerlich für die zu machenden Erfahrungen öffnen und auch mit aller Klarheit und Entschiedenheit dann für diese Ziele sich einzusetzen, durchsetzen.

In einem Vierer-Jahr

geht es nun darum, alles zu tun, aktiv zu werden, damit das im Einser-Jahr Vorgenommene jetzt erfolgreich umgesetzt wird. Somit ist das Vierer-Jahr immer ein sehr aktives und handlungsintensives Jahr. Es gibt viel zu tun!

In einem Fünfer-Jahr

ist es sehr wesentlich, nun innezuhalten und Bilanz zu ziehen. Habe ich alles gegeben? War ich aktiv genug? Bin ich auf dem richtigen Kurs? Da das Fünfer-Jahr die Möglichkeit zur Kurskorrektur bietet, heißt es jetzt auch ‚Mache Dir einen Plan', am besten schriftlich und schaffe Ordnung in Dir selbst, deinen Gedanken und Gefühlen, aber auch in deinem Umfeld.

In einem Sechser-Jahr

ist deine eigene Durchsetzungskraft in Bezug auf die von Dir ausgewählten Ziele aus dem Einser-Jahr von ausschlaggebender Bedeutung. Bringe deine ganze Liebe für Dich selbst, deine Mitmenschen und das, was Dir so sehr am Herzen (Ziele) liegt, zum Ausdruck.

In einem Siebener-Jahr

Jetzt müssen sich die ersten Ergebnisse, die Früchte deiner Arbeit, deines Einsatzes zeigen. Höre nun vermehrt auf deine Intuition, lasse neue Gedanken und Ideen deinen Geist, dein Bewusstsein befruchten. Die Ausweitung deiner Möglichkeiten ist jetzt von Erfolg getragen.

In einem Achter-Jahr

geht es um das Einbringen deiner Ernte. Jetzt ist die Zeit da, dass Du erntest, was Du gesät hast. Da die 8 auch mit Macht und Geld zu tun hat, hast Du jetzt die Gelegenheit, deine finanzielle Basis zu erweitern und zu mehr Selbstvertrauen zu gelangen.

In einem Neuner-Jahr

geht es darum, den alten Zyklus abzuschließen, alles Alte nun endgültig zu vollenden und sich dem Neuen öffnen, damit Du dann im nächsten Zyklus frei bist für das Neue, welches sich in Dir ausdrücken möchte, zu deiner Erfahrung werden möchte.

Wichtig: Immer wenn wir uns im Neunerjahr nicht freiwillig von dem lösen oder trennen, was abgeschlossen ist, dann wird das Einser-Jahr uns automatisch dazu zwingen. Denn die vorhandene 0 im Einser-Jahr wird dann zur zwingenden Wandlung. Dies ist immer sehr unangenehm und tut meist auch sehr weh, deshalb ist es immer besser, schon **freiwillig** im Neuner-Jahr das Alte mit Freude abzuschließen und sich von allem Überlebten, Abgeschlossenen zu trennen.

Von besonderer Bedeutung sind immer die letzten 3 Monate vor unserem nächsten Geburtstag, denn hier überprüft das Schicksal, die geistige Welt, inwieweit wir die Jahresaufgabe erfüllt haben. Bei Ja sind dann immer diese letzen 3 Monate vor unserem neuen Geburtstag, die Belohnungsphase bzw. bei Nein bekommen wir Druck vom Schicksal, der geistigen Welt, damit die Jahresaufgabe erfüllt wird.

Bedeutung deines Sonnenzeichens und Aszendenten

Eine weitere gute Möglichkeit, Dich selbst und deinen Lebenssinn zu entdecken, bietet Dir die Astrologie. Hier sind zuerst einmal dein Sonnenzeichen und dein Aszendent von großer Bedeutung und grundsätzlicher Hilfe bei der Selbstfindung.

Dein Sonnenzeichen zeigt, welche Kräfte latent in Dir bereits vorhanden und von Dir in diesem Leben zu entwickeln sind. **Dein Aszendent** zeigt Dir deinen Charakter, wie Du wirklich bist und damit, über welche Fähigkeiten Du automatisch in diesem Leben verfügen kannst.

Lebe deinen Aszendenten, denn dies bist Du, so bist Du wirklich, dies ist dein Charakter, deine Grundeigenschaften.

Nun im Überblick die Bedeutung der einzelnen Sternzeichen, wobei die Bedeutung sowohl für Sonnenzeichen, als auch für den Aszendenten gilt.

Widder

Mut, Pioniergeist, Risikobereitschaft, Unternehmungslust, aber auch Ungeduld, Unbeherrschtheit, Jähzorn, Aggressivität

Stier

Bodenständigkeit, Ausdauer, Geduld, Liebe zum Leben, Standhaftigkeit, aber auch Trägheit, Angst vor dem Neuen, vor Veränderung, Genusssucht

Zwillinge

Kommunikation, Fähigkeit zu vermitteln, Neugier, Offenheit, Lernbereitschaft, aber auch Oberflächlichkeit, Wankelmut, zwei Gesichter, Launenhaftigkeit

Krebs

Gefühlstiefe, Einfühlungsvermögen, Familiensinn, Treue, aber auch leicht depressiv, schwarzmalerisch, große Abhängigkeit von den eigenen Gefühlen, leicht verletzbar

Löwe

Stolz, Großherzigkeit, Großmut, Toleranz, Mut, großes Herz, aber auch immer im Mittelpunkt stehen müssen, starke Abhängigkeiten von Lob, schmollen, ausgeprägtes Ich

Jungfrau

Korrektheit, Ehrlichkeit, geradlinig, guter Umgang mit Zahlen, starke analytische Fähigkeiten, liebt klare Verhältnisse und Sauberkeit, aber auch engstirnig, Kritiksucht, sucht förmlich nach Fehlern, belehrend, besserwisserisch, kleinlich, sieht eher das Negative, ängstlich

Waage

Harmonie pur, wirkt sehr ausgleichend, sehr anpassungsfähig, Schönheitssinn, aber auch sehr unentschlossen, Angst vor Entscheidungen, liebt den Status quo, beharrt gerne auf dem Alten

Skorpion

Ehrlichkeit, sehr zuverlässig, treuer Freund, vertrauenswürdig, verschwiegen, hilfsbereit, alles oder nichts, aber auch hartherzig, sehr kühl und distanziert, Gefühle auf Eis, verletzend, auf sich selbst fixiert, egozentrisch, selbstzerstörend

Schütze

Begeisterungsfähigkeit pur, sieht stets in allem das große Ganze, Idealist, offen für neue Ideen für Neues, aber auch ungeduldig, keinen Blick oder Bereitschaft für kleine Schritte oder Notwendigkeiten, Details, will alles und zwar sofort

Steinbock

sehr ehrgeizig, zielstrebig, sehr ausdauernd, geradlinig, korrekt, aber auch verschlossen, stur, eigensinnig, auf Distanz gehend, behält seine Gefühle für sich

Wassermann

freiheitsliebend, Menschenfreund, Wissensbringer, sehr beweglich, belastbar, flexibel, erfolgsorientiert, aber auch besserwisserisch, Einzelgänger, abgehoben, auf eigenen Vorteil bedacht

Fische

sehr sensibel, große Gefühlstiefe und Sensibilität, hohes Einfühlungsvermögen, hilfsbereit, spirituell, große Hingabefähigkeit, Empathie, aber auch leicht sich selbst vergessend, Aufopferung für andere und sich dabei ganz vergessen, fehlende Abgrenzung, Unentschlossenheit, sich nicht festlegen wollen, kann nicht oder nur schwer Nein sagen

Dies alles sind erst einmal die Grundbedeutungen, die Dir als Anhaltspunkte erst einmal grundsätzlich helfen sollen, Dich selbst zu finden und zu erkennen. Natürlich sollen sie Dich auch neugierig machen auf mehr, Dir all diese Thematik schmackhaft machen, Dich auf den Geschmack bringen, dein Interesse wecken.

Sobald Du Dich dafür geöffnet hast, wirst Du in deinem Umfeld genügend Menschen, Bücher, Vorträge finden, wirst durch deine innere Resonanz nun automatisch in deinem äußeren Leben hingeführt zu all diesem Wissen.

Für deine Selbstfindung ist die Numerologie von großer Hilfe, da sie sehr einfach und leicht verständlich ist und schnell erlernbar. Die Astrologie geht sehr in die Tiefe und ist sehr umfassend, aber auch anspruchsvoller.

Das Tarot, also mithilfe der Karten, hast Du eine weitere wundervolle Möglichkeit zur Selbsterkenntnis. Deren Bedeutung und die Legemethoden sind mit ein wenig Übung schnell erlernbar. Die Tarotkarten geben Dir solch eine wundervolle Gelegenheit, deine eigene Intuition, deinen Kontakt zu deinem Schutzengel zu entwickeln und Du hast gleichzeitig eine sichtbare Bestätigung deiner bereits vorher gemachten Gedanken und auch der Ahnungen dieses inneren Wissens. Sie sind solch ein wundervoller Wegbegleiter und immer in der Lage, unser Leben, unsere Entscheidungen mit so viel Wahrheit und Klarheit zu erfüllen.

So nun wünsche ich Dir von Herzen alles Gute, viel Freude und Selbsterkenntnis auf diesem **deinem** Weg. **Ich** freue mich schon auf unser Wiedersehen.

Der Sinn des ‚Spiel des Lebens'

Du kennst sicher das Spiel ‚**Monopoly'**?

Stell Dir vor, Du müsstest dieses Spiel spielen, ohne den Sinn, das Ziel dieses Spieles zu kennen und Du weißt nichts über die Spielregeln.

Trotzdem sind da immer zwei Würfel, die Dir in die Hand gedrückt werden und Du musst würfeln. Dann bist Du gezwungen, mit einer der Farbfiguren voranzurücken, ohne zu wissen, welche Farbe deine ist.

Dann will dauernd jemand von Dir Geld, Du musst ins Gefängnis, ins Krankenhaus oder sonst irgendwas wird von Dir verlangt. Du hast keine blasse Ahnung warum, wozu das Ganze gut ist.

Zu all dem kommt dann noch als Krönung, dass sich einer deiner Mitspieler herzlichst bei Dir bedankt, da Du gerade mit seiner Figur über Los gegangen bist und er dafür viel Geld bekommen hat. Nicht Du, sondern er! Dies geschieht, da Du ja keine Ahnung hast, wer Du bist, welches deine Spielfigur ist. Nur wird Dir erst allmählich bewusst, irgendwie wäre es sehr von Nutzen für Dich, auch immer wieder mit deiner Figur über dieses Los zu kommen, denn dann gibt es **Geld für Dich**!

Kannst Du Dir vorstellen, wie schwer es für Dich ist, unter diesen Bedingungen an diesem Spiel teilzunehmen?

Wie groß sind deine Chancen überhaupt zu gewinnen, wenn Du keine Ahnung vom Sinn, den Spielregeln und erst recht nicht mal weißt, wer Du bist, welches deine Spielfigur ist?

Wie hoch ist dein Spaßfaktor?

Wie schnell wirst Du resignieren und dann völlig teilnahmslos, ohne Freude nur noch am Spiel teilnehmen?

Kommt Dir dies nicht irgendwie bekannt vor?

Geht es Dir nicht genauso mit deiner Teilnahme am **'Spiel des Lebens'**?

Du kennst weder den Sinn deines Lebens noch die alles bestimmenden Spielregeln. Du weißt nichts oder nur wenig über Dich selbst, deine Persönlichkeit, deine Fähigkeiten.

Trotzdem musst Du jeden Tag an diesem **'Spiel des Lebens'** teilnehmen.

Was würde passieren, wenn Du den Sinn des Monopoly-Spieles erfahren würdest? Du eingeweiht wirst in die Spielregeln und auch noch in Erfahrung bringst, welche farbliche Spielfigur deine ist? Du würdest nur noch deine eigene Spielfigur bewegen und darauf achten, dass Du so schnell wie möglich über Los kommst, denn dann gibt es wieder Geld, und diesmal für Dich. Du würdest Dir Straßen kaufen, aber jetzt immer die von der gleichen Farbe. Nicht mehr wie vorher, als Du Dir immer verschiedene gekauft hast, da Du die verschiedenen Farben so schön fandest. Dich allerdings immer wieder gewundert hast, dass die anderen sich schöne Häuser kaufen konnten, nur Du nicht.

Da Du jetzt den Sinn, das Ziel, die Regeln und die Farbe deiner Spielfigur kennst, würdest Du doch nun ganz anders vorgehen, deine Strategien dementsprechend ausrichten.

Planen, Dir Ziele setzen, einen Schritt nach dem anderen spielen, weil Du nun weißt, wozu das Ganze dient.

Um wie viel größer ist nun deine Chance zu gewinnen?
Würde Dir die Teilnahme an diesem Spiel nun sogar Spaß machen?

So verhält es sich auch beim **‚Spiel des Lebens'** und deiner Teilnahme daran. Deine erfolgreiche Teilnahme, die noch dazu Freude macht, setzt voraus, dass Du Bescheid weißt über:

- **den Sinn des Lebensspieles**
- **die Spielregeln**
- **Du sehr genau weißt, wer Du bist, was deine Fähigkeiten und deine Entwicklungspotenziale sind**

Die Spielregeln des ‚Spiel des Lebens'

Würden wir davon ausgehen, dass dieses Leben und alles, was wir darin erfahren, rein zufällig ist, wir irgendwann einmal rein zufällig geboren werden und wir irgendwann rein zufällig sterben. Es uns vor unserer Geburt gar nicht gegeben hat, wir also rein zufällig einfach aus dem reinen Nichts heraus geboren wurden und es vielleicht nach unserem Tod irgendwie weitergeht, natürlich rein zufällig, dann würde es natürlich auch keinen **Sinn des Lebens** geben.

Gehen wir davon aus, unser Leben hat einen Sinn, dann ergibt es nur einen wirklichen Sinn, wenn dieses Leben, die Bedingungen unserer Geburt (Geburtsland, unsere Eltern, den Körper, den wir erhalten) auf eine Reihe, eine Kette von weiteren Leben aufbauen, und dies ist die volle Wahrheit.

Das Seelenkonglomerat (Teil 2)

„Du geliebtes Wesen, Meister des Erdenspieles, Du warst schon so oft hier und Du hast so viele völlig unterschiedliche Leben gelebt, in so vielen verschiedenen Rollen.

So ist dieses dein jetziges Leben, diese Rolle deine Wichtigste! Da sie aufbaut auf all die Erfahrungen so vieler von Dir gelebter Leben, gespielter Rollen und weil Du mit voller Absicht gerade in diese so besondere Zeit der Transformation, die sich hier auf dem Planeten Erde vor euren Augen abspielt, Dich hineingeboren hast.

Dieses Jetzt-Leben ist die Krönung, der Abschluss. Die von Dir nun endlich voller Freude (Die Freude in Dir war vor deiner Geburt. Dort hast Du gewusst, welche großartige Gelegenheit Dir gerade dieses Leben, welches vor Dir lag, nun bietet.) abzulegende Prüfung, der quasi Abschlusstest. Der als Ziel für Dich vorsieht, Dir selbst zu beweisen, dass Du den Sinn der Erdenleben, die Spielregeln und das Ziel kennst und als Lebensmeister/-in nun die Meisterprüfung ablegst.

In diesem Leben bietet sich Dir nun endlich die Gelegenheit zu zeigen, dass Du selbst es bist, der Du durch das Kennen und Befolgen der Lebensgesetze, der Spielregeln nun in voller Bewusstheit und Klarheit diesen deinen Lebenssinn erfüllst.

Deshalb und nur deshalb, geliebter Seelenanteil, bist Du hier. Wir, deine gesamte Familie, dein Dich begleitendes Gefolge, sind bei Dir.

So wichtig und so bedeutend ist dieses Leben, diese besondere Zeit.

Dein vollkommener Lebenssinn hängt ganz zusammen mit diesem deinem Lebensplan. Dieser Lebensplan umfasst alle deine Inkarnationen, alle deine vielen Leben, die notwendig sind, um alle Lebensrollen zu spielen, all die vielen Erfahrungen zu machen, die von deiner Seele gebraucht und auch gewollt sind.

Dieser dein persönlicher Lebensplan, besser ausgedrückt, dieser **Seelenausdrucks-Inkarnationsplan** lag Dir vor deiner Geburt im Geistigen ganz deutlich vor und so passt dieses Leben mit all seinen Erfahrungen so perfekt hinein, in diesen Gesamtplan. Deinen Lebenssinn, dein Lebensziel für dieses Leben, darüber hast Du schon einiges anhand des bisher Ausgeführten erfahren. Wir werden Dich noch viel tiefer in diesen deinen Lebensplan einweihen, etwas Geduld bitte.

Jetzt ist es von allergrößter Bedeutung, dass Du endlich wieder eingeweiht wirst in die **‚Spielregeln des Lebens'**, diese auch sogenannten **‚kosmischen Gesetze'**.

Diese sind so wesentlich, bilden sie doch die Grundlage all dessen, was Du bisher in deinem Leben bereits erfahren hast, aber noch viel **wichtiger**, was Du noch alles in diesem Leben erfahren kannst, sobald Du diese Gesetze, diese Regeln wieder kennst und sie bewusst anwendest.

So lass uns nun beginnen, Dich wieder daran zu erinnern, sie wieder in dein Bewusstsein zu bringen und zwar so klar, so eindeutig, damit Du ab sofort deinem Leben eine völlig neue Richtung gibst.

Die Richtung, die der Sinn und das Ziel dieses deines Lebens sind.

So höre nun mit deinem **Seelenherzen**! Das erste und bedeutendste Gesetz ist das **Gesetz der Ursache und ihrer daraus entstehenden Wirkungen**, in deiner Welt auch bekannt als das

Gesetz von Ursache und Wirkung.

Als Erstes bitte ich Dich, erinnere Dich wieder, dass alles von Dir auf dieser Erde Erfahrene, jede einzelne Wirkung als Ursache immer aus dem Geistigen kommt. Das Geistige in Dir sind deine **Gedanken**.

Deine Gedanken haben solch eine große Macht, dass sie in der Lage sind, Dich in Lebenssituationen, Lebenserfahrungen hineinzuziehen.

Deine von Dir gedachten Gedanken bestimmen die Erlebnisse deines Lebens. Eine Veränderung deiner Erfahrungen, deiner Lebensumstände ist nur möglich durch die permanente Veränderung und Neuausrichtung deiner von Dir gedachten Gedanken.

So Du ein neues Leben möchtest, welches im Einklang steht mit deinem Lebenssinn, erfordert dies von Dir ein völliges Umdenken, eine neue Weise, eine neue Art von Dir gedachter Gedanken. Nur diese deine Neuausrichtung, dein Hinlenken zu den Gedanken, die dann in der Konsequenz die Erfahrungen in dein Leben ziehen, Dich in diese Lebenssituationen hineinziehen, die diesen neuen Gedanken entsprechen.

Das meinte Jesus, als er sagte: ‚*Ihr müsst von Neuem geboren werden.*' So kann ein neues Leben, ein neues **Sein** nur entstehen durch deine fortwährende Wahl neuer gedachter Gedanken. Erinnerst Du Dich?

Das war die oberste Spielregel, die Dir mitgeteilt wurde in der Halle des Wissens. Du wirst nun einen Planeten betreten, auf **dem die Wahl deiner Gedanken deine Erfahrungen bestimmt**. Nur auf diesem Planeten ist es anders, als Du dies bisher kennst.

Nicht sofort erzielen Gedanken Resultate, ergeben sich aus deinen gedachten Gedanken sofortige Erfahrungen. Nein, hier gibt es etwas ganz Besonderes! Die Dichte dieser Welt ist so beschaffen, dass Gedanken von Dir gedacht erst nach einer bestimmten Zeit, dem Energiemuster folgend, sich als erfahrbare Realität Dir zeigen.

Diese Zeitverzögerung, welche meist erheblich ist, führt dazu, dass Du den Zusammenhang deiner gedachten Gedanken und den daraus resultierenden Manifestationen, Erfahrungen nicht mehr wahrnimmst.

Es erscheint Dir dort, auch wenn dies für Dich jetzt unglaublich klingt, dass dort deine Gedanken und deine Erfahrungen unabhängig voneinander sind.

Möglich wird diese Art der Erfahrung nur aus einem einzigen Grund, dieser Planet hat als Einziger zur Grundlage das

Gesetz der Amnesie.

Ja, Du hast richtig gehört! Dort wirst Du in einem sogenannten materiellen Körper geboren und bei der Geburt dringst Du als geistiges Wesen vollkommen in diesen Körper ein. Die Amnesie bewirkt sofort, dass Du bei diesem Geburtsvorgang vollkommen vergisst, wer Du bist, wer Du warst und auch den Grund deiner Anwesenheit!

ICH weiß, dies hört sich jetzt für Dich so unglaublich an, aber es entspricht der Realität.

Dieser Planet ist der einzige seiner Art, der einzige, der Erfahrungen dieser Art überhaupt ermöglicht und glaube mir, diese Amnesie ist so 100%ig. Du vergisst vollkommen, wer Du bist, so vollkommen, dass Du sehr schnell erfasst wirst, von dem dort ablaufenden Spiel des freien Willens.

Alle sich dort befindlichen Teilnehmer, und Du hast Dir echt eine Zeit ausgesucht, in der eine so nie da gewesene Teilnehmeranzahl gleichzeitig an diesem Spiel teilnimmt, alle ‚Opfer der Amnesie' und alle ausgestattet mit einem freien Willen. Dieser drückt sich dahingehend aus, dass jeder Gedanken, gleich welcher Art, aussenden kann. Die enorme Zeitverzögerung und die Amnesie führen dazu, dass ein enormes Chaos entsteht, da sich erst mal keiner für die gemachten Erfahrungen verantwortlich fühlt.

Als Teilnehmer dieses Spiels bist Du automatisch verpflichtet, die allgemein anerkannten Glaubensätze, die von allen bisherigen Teilnehmern erstellt wurden, für Dich als wahr anzunehmen. Deine Teilnahme legt diese Grundglaubensmuster automatisch fest. So stelle Dich darauf ein, dass Du dort unten davon ausgehst, dieses Leben sei dein einziges. Du erinnerst Dich weder an dein jetziges geistiges Leben, dein vorheriges Hier-Sein noch an dein **freiwilliges** Betreten dieses Planeten, um diese ungewöhnlichen Erfahrungen zu machen.

Eine automatische Folge all des bisher Gesagten ist, dass dort unten Dir eine so bisher nie gekannte Erfahrung blüht. Du wirst zum ersten Mal **Angst** erfahren.

Erinnerst Du Dich wieder? All das hatte für Dich so unglaublich geklungen und nun bist Du hier und was glaubst Du jetzt?

Was denkst Du nun über diesen einzigartigen Planeten des freien Willens, über die Amnesie? Na, funktioniert sie? Noch? Oder schon weniger?

Ah, da tauchen die Erinnerungen auf. Lass sie einfach zu, denn dein Schlaf, die Amnesie war bis zu diesem heutigen Tag für Dich gut, sinnvoll und wohl gewählt.

Aber jetzt ist es für Dich an der Zeit, aufzuwachen, Dich wieder **zu erinnern und dazu wurde dieses Buch geschrieben** und zu Dir geführt. Ja, geführt von mir, von mir persönlich, aber vorher zu deinem Verständnis nochmals zurück. Vor deiner Geburt in der Halle des Wissens, weißt Du noch, dort wurde Dir dies gesagt.

Da die Amnesie so stark ist, Du Dich und dein bisheriges geistiges **Sein** vollkommen vergisst und dieses Gefühl der Angst dort unten auf diesem Planeten so groß ist. Da Du Dich wie blind, unwissend, unbedeutend, hilflos fühlen wirst, wird Dir nun für diese deine Reise auf dem **‚Planeten des freien Willens'** ein ständiger Begleiter, ein Führer zur Seite gestellt, dort unten wird er Schutzengel genannt.

Du wirst es verstehen, wenn Du dort bist, warum sie ihn Schutzengel nennen. Hier ist er, sein Name ist …

(Erinnerst Du Dich wieder, auch wenn es nur im Gefühl ist? Ja, deine Gänsehaut, das Kribbeln, der Schauer, der Dir über den Rücken läuft, das Wärmegefühl, das ist er.)

Während deines gesamten Aufenthaltes ist er **immer** an deiner Seite. Du kannst ihn jederzeit fragen, um Hilfe bitten, denn seine Aufgabe ist, Dich durch dieses Leben zu führen, Dich immer wieder an das von Dir vergessene Lebensziel zu erinnern. Er achtet sehr genau, dass Du auf deinem optimalen Weg voranschreitest. Solltest Du Probleme oder Schwierigkeiten haben (und sei versichert, die wirst Du haben), dann wende Dich an ihn. Er kennt deinen Lebensplan genau und wird Dich in deinen Gedanken und Gefühlen leiten. Auch ist er in der Lage, Dir jederzeit durch andere Menschen und Situationen Botschaften zukommen zu lassen.

Auch ihn, sein Vorhandensein, wirst Du erst einmal vergessen, aber es kommt der Zeitpunkt und dieser ist bereits festgelegt (der Zeitpunkt ist jetzt), an dem Du Dich seiner wieder erinnerst. Ja, ganz sicher.

Jetzt, da dieser persönliche Kontakt von Dir und deinem Schutzengel wiederhergestellt ist, wäre es von allergrößter Bedeutung, dass Du diesen wiederhergestellten Kontakt von deiner Seite aus regelmäßig pflegst.

Deine innere Führung, deine Intuition wird umso klarer und stärker, je häufiger Du, geliebtes Wesen, nun Dir bewusst machst, dass Du umgeben bist von uns, der geistigen Welt, und Du ja selbst ein Bewohner der rein geistigen Welt bist. Es war ja dein eigener freier Entschluss, an diesem **‚Spiel des Lebens'** teilzunehmen.

Da Du Dich nun wieder beginnst zu erinnern, lass uns das nächste so wichtige Gesetz anschauen, das

Gesetz der Resonanz oder Anziehung.

Die Welt, in der Du zurzeit zuhause bist, besser gesagt die Du zurzeit dein Zuhause nennst. Diese Welt funktioniert nach ganz klar festgelegten Gesetzmäßigkeiten und gemäß diesem **Gesetz der Anziehung** entspricht alles, was Du jeweils in deinem persönlichen Leben als Erfahrungen erlebst bzw. erfährst, dies äußere Erleben ist vollkommen abhängig von dem in Dir vorhandenen Glaubenssatzsystem.

Diese in Dir vorhandenen Glaubensätze sind entstanden durch deine von Dir immer und immer wieder gedachten Gedanken. Aus der Häufigkeit dieser gedachten Gedanken entstand ein Energiemuster in Dir und dieses Energiemuster hat die Kraft, geschöpft aus der Kraft der Anziehung, nun wie die Magnetkraft Dinge, Situationen, Menschen und Erfahrungen in dein Leben zu ziehen, die vollkommen diesen deinen inneren Glaubensätzen entsprechen.

Würdest Du diese Kraft der Anziehung sehen können, dann wäre Dir sofort klar, wie es möglich ist, wie immer nur ganz bestimmte Erfahrungen in deinem Leben stattfinden können. Immer nur solche, die derselben Energie, Energiemuster entsprechen. Bei Sichtbarmachung der Gedankengefühlsenergie die beständig aus deinem inneren **Sein** (Solarplexus) herausströmt, wäre Dir sofort klar, wie es möglich ist, dass immer ganz bestimmte Erfahrungen, ja sogar Menschen in dein Leben hineingezogen werden.

Du selbst würdest bei der Sichtbarmachung dieses Anziehungsprozesses erkennen, dass deine gefühlsmäßig aufgeladenen Gedanken in Ihrem Aufbau, ja sogar in der Art und der jeweiligen Farbe sich vollkommen entsprechen. Wie die zwei Puzzleteile, die einander vollkommen entsprechen.

Bekommst Du nun das Bild, erkennst Du die Einfachheit dieses ganz natürlichen Prozesses?

Es sind deine eigenen in Dir gedachten Gedanken und noch etwas sehr Wesentliches, deinen Gedanken alleine liegt keine Anziehungskraft zugrunde. Diese so grundsätzlich notwendige Kraft der Anziehung, sie wird erschaffen und aufrechterhalten einzig und alleine durch deine Gefühle.

Ja, es ist wahrhaft so, dass nur deine Gefühle die Energie dieser so notwendigen Anziehungskraft liefern.

So erkenne, deine Gedanken sind die mögliche Ursache allen Geschehens. Alles des von Dir möglich zu Erlebenden, aber die Kraft, die möglich macht, dass diese Gedanken zu einer für Dich erfahrbaren Realität werden können, **diese Kraft kommt aus mir, ganz alleine aus mir (sehr bestimmt), deiner Seele.**

Deine Gefühle, die gedachte Gedanken so machtvoll machen, dass diese für Dich als erfahrbare Realität in deinem Leben in Erscheinung treten, diese Kraft ist meine **Seelenenergie**, die ich Dir beständig zur Verfügung stelle.

Nun, mein geliebter Seelenanteil, offenbare ich Dir eine tiefe Wahrheit. Weißt Du, die Dir von mir zur Verfügung gestellte Seelenkraft, sie variiert sehr stark, sie ist von ihrer Stärke und ihrer daraus resultierenden Anziehungskraft, ihrer Magnetkraft abhängig von zwei Faktoren.
Der erste Faktor, der die Stärke der von mir Dir zur Verfügung gestellten Seelenkraft bestimmt, dieser erste Faktor wird bestimmt von **der Übereinstimmung deines Denkens und Fühlens, auch deines persönlichen Wollens mit deinem Lebensplan**.

Je mehr diese Übereinstimmung in Bezug auf deine von Dir zu erfüllende Lebensaufgabe, das Lebensziel ausgerichtet ist, umso größer ist die Dir für dein Wirken von mir, deiner **Seele**, zur Verfügung gestellte Seelenenergie.

Oh, wie sehr erfüllt mich dies mit großer Freude! Nun endlich habe **ICH** die Gelegenheit, mit Dir meinem so sehr geliebten **Seelenanteil** endlich im Wort und in deinem Gefühl in Verbindung zu sein. Wie sehr hat mein Seelenherz darauf sich schon gefreut, wenn in deiner von Dir erfahrenen Zeit dieser jetzige Augenblick (1 x niesen) wieder da ist, in welchem wir beide wieder verbunden sind, sind so nah wie gerade jetzt."

(‚Dir, geliebter Meister, [*Tränen erfüllen mein* **Sein**], der Du gerade diese meine Seelenworte niederschreibst, Dir danke ich so sehr. Gesegnet bist Du, dass Du diese Öffnung in Dir ermöglicht hast, **Danke**.')

[*Geliebte* ***Seele****, ich sage Danke von Herzen für diese Ehre, Danke für dieses Geschenk an mich!*]

„Dies, mein geliebter Seelenanteil, ist das Wertvollste, was in einem Leben Dir widerfahren kann, der wiederhergestellte, bewusste Kontakt, die Verbindung von **Seele** + Seelenanteil.

Dies war auch die tiefere Bedeutung, als Jesus sagte: ‚**ICH** *und der Vater in mir sind eins*', oder als er sagte ‚*wenn zwei unter Euch eins sind*'. Der zweite Faktor wird davon bestimmt, wie sehr dein **Sein** und damit deine Gedanken und Gefühle erfüllt sind von der Kraft des **Vertrauens**.

Je größer dieses Vertrauen in Dir ist, im Allgemeinen der innere Glaube an das Gute, welches grundsätzlich in allem zu Dir fließt, also damit deine grundsätzliche Lebenseinstellung. Diese hat viel mit Selbstvertrauen und in aller Konsequenz das Vertrauen in mich, deine **Seele**, als Grundlage, umso mehr von meiner Energie fließt Dir zu.

Sehr bedeutend ist natürlich auch, wie frei sind deine von Dir gedachten Gedanken, deine von Dir gefühlten Gefühle von

Angst.

Die Energie der Angst, sobald diese dein **Sein** überwältigt, diese Gegenkraft des Vertrauens hat die Macht, die von mir Dir zur Verfügung gestellte Seelenkraft wie umzupolen. Auch das, könntest Du diese Kraft sehen, würde Dir sofort klar werden, wie es nun geschieht, dass durch diese von Dir ausstrahlende Kraft nun plötzlich die vorher so perfekt passenden Puzzleteile sich ändern und nicht mehr zu deinem von Dir zu erfahren Wollendem passen.

Nun geschieht es sogar, dass die angsterfüllten Gedanken und Gefühle in deinem Außen genau die Ereignisse, Situationen und Menschen anziehen, die diesen von Dir ausgesandten Angstgedanken, Gefühlen entsprechen.

So lass es mich Dir an dieser Stelle nochmals in aller Seelenklarheit verdeutlichen. Für alles, was Du in deinem Leben gerne erfahren möchtest, wird von Dir **Seelenenergie** benötigt. Diese Seelenenergie stelle **ICH** Dir immer zur Verfügung. Die Stärke der Dir zur Verfügung gestellten Seelenenergie wird davon bestimmt, inwieweit eine Übereinstimmung des von Dir Gewollten mit deinem Lebensplan vorhanden ist. Und wie groß ist dein **Vertrauen**, das Gewollte auch zu erhalten. Je größer die Abweichung vom Lebensziel, je kleiner dein Vertrauen, umso kleiner ist die Dir zur Verfügung gestellte Seelenenergie. Je größer dein **Vertrauen** in mich ist und je größer die Übereinstimmung mit deinem Lebensplan/Ziel, umso mehr Seelenenergie steht Dir zur Verfügung. Nun kannst Du selbst erkennen, was der Grund dafür ist, dass Bestimmtes von Dir Gewolltes so schnell sich in deinem Leben verwirklicht. Manch anderes sehr lange braucht oder nie in deinen Erfahrungsbereich tritt.

Somit werden deine von Dir erlebten Erfahrungen bestimmt von:

- **Übereinstimmung des Gewollten mit deinem Lebensplan**
- **der Stärke deines Vertrauens**
- **dem Fehlen von Angst**

Aus all dem Dir von mir vermittelten Wissen wird Dir selbst nun immer deutlicher und klarer, welch große Bedeutung für dein Erleben, für alle deine Erfahrungen deine in Dir gedachten Gedanken, deine in Dir gefühlten Gefühle sind. Sehr wesentlich ist natürlich, inwieweit ist das von Dir in deinem Leben Angestrebte, das von Dir Gewollte in Übereinstimmung mit deinem von Dir selbst vor deinem Leben festgelegten **Lebensziel**. Wie frei sind deine denkenden Gedanken, deine fühlenden Gefühle von **Angst** oder anders ausgedrückt, wie groß ist dein **Vertrauen**, das von Dir Gewollte auch wirklich zu erfahren? Zum Abschluss nun noch ein weiteres Gesetz, dieses bestimmt in sehr großem Maße dein Erleben. Dieses Gesetz ist das

Gesetz der polaren Affinität.

Dieses Gesetz bewirkt in seiner automatischen Wirkungsweise, sobald Du in deinem Bewusstsein Dich gegen irgendetwas wehrst, sobald Du eine **verurteilende Haltung** gegen eine Erfahrung, Situation oder einen Menschen einnimmst, dann wirkt dieses Gesetz der polaren Affinität so, dass es genau das von Dir Abgelehnte, das von Dir Verurteilte automatisch in dein Leben zieht. Ganz alleine deine Abwehrhaltung, deine Verurteilung ermöglicht es, dass Du überhaupt in erlebenden Kontakt kommst mit dem von Dir Abgelehnten, von Dir Verurteilten. (Dieses Gesetz verdeutlichte der Meisterlehrer Jesus, als er Euch sagte: ‚Richtet nicht, auf dass Ihr nicht gerichtet werdet, mit welchem Maß Ihr messet, wird Euch gemessen.')

Wie sehr, mein geliebter Seelenanteil, ist dein tägliches Erleben, geprägt von der Erfahrung dieses Gesetzes, besser gesagt vom Verstoß gegen gerade dieses Gesetz.

Du selbst bist es und wahrhaft nur Du, dass Du immer wieder Lebenssituationen erfährst, in diese hineingezogen wirst, welche dem von Dir zu erfahrenden Gewollten völlig widersprechen, in aller Konsequenz aber deine zuvor gemachte (gedachte und gefühlte) Verurteilung/Ablehnung zugrunde liegt.

So Du nun in deinem Leben all das erfahren möchtest, was dem von Dir Gewollten entspricht und Du daran interessiert bist, dass all dein Gewolltes sich sehr schnell zu deiner Lebenserfahrung verdichtet, ist es nun deine Aufgabe:

Erkenne dein von Dir festgelegtes Lebensziel.

Erfülle dein Sein mit Vertrauen in mich, deine Seele. Gehe bei allem in die Mitte, sage ‚Ja' zu allem Vorhandenen und entscheide Dich für das von Dir gewollt Sollende.

Nun zu deinem Verständnis ein weiteres dies alles durchdringende und überhaupt erst sinnvoll ermöglichende Gesetz, das Gesetz der von Dir zu erfahrenden Vielheit, bei Euch besser bekannt, als das Gesetz

der Reinkarnation, der Wiedergeburt.

Die Erfahrung so vieler verschiedener Lebensumstände und die damit stattfindende Veredlung/Entwicklung zur Vollkommenheit setzt automatisch die Möglichkeit vieler von Dir zu spielender Lebensrollen voraus.

Damit dies überhaupt für Dich und all die anderen Seelenanteile möglich war, wurde dieser Planet des freien Willens mit der stattfindenden Amnesie bereits bei Eintritt in dieses System, dieses Spiel geschaffen und nur deshalb wurde auch der **körperliche Tod** eingeführt.

Die Einführung dieses von Dir erfahrbaren körperlichen Todes gibt Dir und allen anderen Seelenanteilen die Möglichkeit, eine spezielle Lebensrolle mit einem bestimmten Lebensziel für eine bestimmte Zeit (Ja, dazu musste materieller Raum und Zeit geschaffen werden, was in eurem Buch der Bücher in der sogenannten Genesis berichtet wird.) überhaupt erst zu spielen, zu erfahren.

ABER doch erst durch die Beendigung dieser Teilnahme am Lebensspiel, durch diesen rein körperlichen **Tod**, wird Dir, mein geliebter Seelenanteil, und natürlich auch mir, deiner Seele, erst die Gelegenheit gegeben, durch die Wahl eines neuen Lebens, einer neuen zu erfahrenden Lebensrolle, wieder teilzunehmen am Spiel des Lebens, mit einem festgelegten Lebensziel, welches eingebunden ist in den sogenannten

Meisterplan der Seelenentwicklung.

Diese Seelenentwicklung findet statt über viele völlig verschiedenen Leben, alle erlebt in Amnesie mit Ausleben des freien Willens.

Ohne den körperlichen **Tod** wäre diese Seelenentwicklung ohne Grundlage.

So ist dieses von den meisten deiner Mitmenschen so sehr gefürchtete Erlebnis, ‚der körperliche Tod', in Wahrheit erst die Grundvoraussetzung. Geschaffen von unser aller Quelle, um Dir und mir diese so wundervollen **Lebens**-Erfahrungen in so unterschiedlichen, vielseitigen Rahmenbedingungen zu ermöglichen, erfahren zu lassen.

Wie sehr ist dies alles durchdrungen von göttlicher Liebe und göttlicher Weisheit. So viel Sinnhaftigkeit befindet sich in dem von Euch erfahrbaren **‚Spiel des Lebens'**, so viel.

Immer deutlicher empfindest nun **auch** Du, mein geliebter Seelenanteil, die Wahrheit und die Bedeutung dieser Worte. Immer tiefer ist dein Eindringen, dein Erfüllt-Sein von dieser Sinnhaftigkeit und größer und immer größer, tiefer wird dein Vertrauen. Dein Vertrauen in den tiefen Sinn, der deinem Leben und dem Leben all deiner Mitmenschen zugrunde liegt.

Erfühle in Dir selbst, wie wahr es ist, dass jede Sekunde sich in tiefer Sinnhaftigkeit ergibt. All deine bisher gemachten Lebenserfahrungen und auch alle weiteren noch von Dir zu erfahrenden sind in aller Konsequenz eingebunden in deinen Lebensschicksalsplan, alle.

Was Dir in diesem Leben widerfährt, gehört zu Dir, immer, mit einem einzigen Unterschied! Die von Dir gemachte Erfahrung wird von Dir erlebt, weil Du Dich auf deinem optimalen Lebensweg befindest oder weil Du von deinem optimalen Lebensweg abgewichen bist.

Alle deine Erfahrungen, die Dir auf deinem optimalen Weg begegnen, erzeugen in Dir ein tiefes Gefühl des Vertrauens, es fühlt sich richtig, es fühlt sich gut an.

Du fühlst Dich wie geführt, so als bist Du im Fluss des Lebens getragen. In Dir ist frei davon, was gerade in deinem Leben abläuft, eine tiefe Ruhe und Gelassenheit, irgendwie ist alles stimmig, sinnvoll.

Die Ereignisse deines Lebens gehen Hand in Hand und Du fühlst Dich getragen. Dein Leben ergibt für Dich einen Sinn und Du lebst gerne, Du lebst in der Freude des Augenblicks. Dankbarkeit erfüllt Dich, und weißt Du, in diesen Momenten deines Lebens bist Du und **ICH** eins.

Dies, mein geliebter Seelenanteil, ist das große Lebensgeschenk, es ist auch der Hauptgrund dieser deiner von Dir erlebten Inkarnation im Fleisch und Blute.

Je tiefer Du Dich einlässt auf mich, deine Seele, desto mehr wächst das Vertrauen in Dir und umso größer ist die Lebensfreude in Dir. Du lebst gerne und damit bringst Du mich zum Ausdruck, mich deine Seele.

Erinnerst Du Dich noch? Mein wahrer, einziger Lebensgrund ist **Freude**.

Je länger Du auf diesem deinem optimalen Lebensweg voranschreitest, umso größer, tiefer und stärker wird in Dir dieses Vertrauen, die empfundene Freude. So einfach ist in Wahrheit dieses euer Leben, so einfach, sobald euer Vertrauen in eure Seele und damit das Göttliche in Euch größer ist als eure Angst.

Wusstest Du, dass **ICH**, deine Seele, das Gefäß bin, das Gefäß des göttlichen **Seins**? Damit ist deine Verbindung mit mir, deiner Seele, auch gleichzeitig die Verbindung mit dem Göttlichen in Dir. So führt der Weg zur Quelle über mich, deine Seele, und meine Liebe für Dich ist die Brücke zum Göttlichen in Dir. So bin **ICH** es, deine Seele, die aus Liebe zu Dir, aus Liebe zum Göttlichen, Dich als Teil meiner Selbst habe teilnehmen lassen am **'Spiel dieses deines Lebens'**.

So wie Du gerade jetzt diese meine Liebe zu Dir erfährst, sie Dich vollkommen erfüllt und ausfüllt, geschieht **Heilung**.

All dein Schmerz, all die Trauer in Dir, alles noch Unerfüllte, Fehlende erfährt gerade in diesem Augenblick deines Lebens **Heilung**.

Ja, lass sie einfach zu, es ist mein Geschenk an Dich, dein ganzes Leben hat Dich bis hierher geführt ([*tiefes Gefühl der Liebe und Verbundenheit*]), an diesen Punkt deines Lebens. Nun ist sie dein, das Geschenk der Heilung, lass sie einfach geschehen, lass dein ganzes **Sein** sich erfüllen von dieser meiner Liebe in Dir.

Nun, mein geliebter Seelenanteil, ist es vollbracht. Dein Zulassen, dein von Dir gegangener Lebensweg bis hier hin, hat es nun erfüllt.

Du und **ICH** sind wieder eins, aber diese Einheit von Dir und mir ist nun vollzogen in der Polarität, in dieser Welt der Trennung. Gab es Leben, für Leben ein Ziel, eine Bestimmung, in der Getrenntheit selbst wiederherzustellen die Einheit, die Einheit von Dir und mir.

Dies ist nun der Neubeginn deines Lebens. Dieses Erfahren der Einheit mit mir gibt Dir solch ein tiefes Vertrauen und eine der Voraussetzungen für die Bereitstellung eines hohen Maßes an Seelenenergie (welche so bedeutend und wichtig für die Erfüllung deiner Lebenswünsche ist), ist dieses Vertrauen in Dir zu mir, deiner Dich liebenden Seele.
Lass uns nun gemeinsam voranschreiten auf diesem deinem optimalen Lebensweg und **ICH** gebe Dir mein Seelenehrenwort, bleibst Du in diesem Vertrauen in mich, dann ist es mir möglich, Dir so viel meiner Seelenenergie zur Verfügung zu stellen, dass es für Dich ein Leichtes ist, all die guten Erfahrungen, die dein Leben bereichern und Dir so viel Freude geben, nun in dein Leben zu ziehen.

Das für Dich Beste ist dort, wo Vertrauen ist, in mich, deine Seele, da fehlt jede Grundlage für Angst.

Kannst Du Dir etwas Schöneres vorstellen, als ein Leben zu führen völlig **frei** von Angst?“

Der Sinn deines Lebens (Teil 2)

„All *das* von Dir bisher mit deinem/meinem Seelenherzen Aufgenommene ist die Basis für dein weiteres Leben. Ein Leben in der Erfüllung deines von Dir selbst vor diesem Leben gewählten Lebenszieles in Einheit gelebt mit mir, deiner Seele.

Dieses Leben gelebt in dieser besonderen Zeit, in der Du Dich nun befindest, der Zeit der Transformation, ermöglicht es Dir, die einst von Dir gewählte Trennung nun aufzuheben.

Diese Zeit, in der Du gerade dein jetziges, aktuelles Leben verbringst, diese Zeit ist eine ganz besondere. So wie dein aktuelles Leben ein ganz besonderes Leben ist.

Du bist in so vielen deiner von Dir erlebten Erdenleben vorangeschritten, immer in dem Wissen (vor deiner jeweiligen Geburt), dass dieses neue Leben Dich wieder voranbringt in der Entwicklung deines Menschen-Anteil-Selbstes. Allerdings war Dir dies jeweils während deines Erdenlebens aufgrund der auf Dich einwirkenden Amnesie nicht bewusst, eher unbewusst.

Dies ist in diesem Leben etwas völlig anderes!

Dieses gerade von Dir erlebte Leben, diese Inkarnation hat etwas so Bedeutendes und nun ist es an der Zeit, dass Du Dich auch daran wieder erinnerst!

Dieses von Dir gerade erlebte Leben ist für Dich das letzte in dieser Art. Als Du bereit warst vor langer, langer Zeit, in irdischen Jahren gerechnet dein Engelsbewusstsein abzulegen, um teilzunehmen an diesem neu kreierten **‚Spiel des Lebens'**.

Es hatte sich herumgesprochen, dass die Quelle allen **Seins** ein neues Seelenentwicklungsspielfeld geschaffen hatte und nun war es der Wunsch der Quelle, dass auch wir die Engelsenergien an diesem neuen, sogenannten **‚Spiel des Lebens'** teilnehmen.

Wie groß war da die Aufregung, dies sollte eine völlig neue Erfahrung sein, etwas so Grandioses, dass wir alle es kaum erwarten konnten, mehr darüber zu erfahren.

Endlich war es so weit, wir versammelten uns alle auf Geheiß und der Einladung der Quelle allen **Seins** in den **Hallen von Amenti.**

Mein geliebter Seelenanteil, lass mich Dich nun an der Hand nehmen und begleite mich. Lass uns nochmals gemeinsam teilnehmen an diesem besonderen Himmelsevent, als wir von der Quelle allen **Seins** eingeweiht wurden in all das, was Du gerade in diesem deinem materiellen Körper erlebst.

Schließe bitte kurz deine materiellen Augen, öffne mein Seelenherz in Dir und lass meine Seelenenergie dein ganzes **Sein** erfüllen. Willkommen in den Hallen von AMENTI, dies nun ist der Beginn, der Anfang dessen, was als Ziel hat,

> **göttlich vollkommen unbewusst Ergebenes,**
> **umzuwandeln in göttlich vollkommen**
> **bewusst *Seiendes*.**

Mir euer aller Quelle ist ein tiefes Bedürfnis zu Eigen, diese Energie die aus mir selbst, meiner Quelle, heraus sich hinein ergießt in das zu erschaffende Universum, diese Energie soll nun aus meinem wollenden **Sein** heraus etwas völlig Neues erschaffen.

Etwas, indem ich mich als Schöpfung spiegele und es mir möglich ist, mich selbst zu erfahren.

Diese meine Schöpfung soll aus sich selbst heraus erschaffen können und dafür stelle ich nun meine göttliche Energie zur Verfügung. So vernehme nun, was dies ist, dies von mir neu geschaffene Umwandlungsuniversum.

Unbewusste in vollkommener Ergebenheit
sich befindende Engelsenergie soll gewandelt
werden in vollkommen bewusste, eigenständige
Bewusstseinsenergie.

Euch, meine geliebten Engel, ist es bisher nur möglich, mich euer aller Quelle in aller Ergebenheit zu lieben und meinen göttlichen Willen zum Ausdruck zu bringen. Dies war bisher die von Euch so einzig mögliche Form, Euch zum Ausdruck zu bringen.

Doch nun ist da von mir ein göttliches Sehnen, der Wunsch, euer aller Quelle sich zu umgeben, mit sich seinem selbst bewusstem **Sein**.

So ergeht nun meine Bitte an Euch, teilzuhaben an diesem von mir erschaffenem Bewusstwerdungsprozess.

Zur Erlangung dieses Zustandes

‚des sich selbst Bewusstsein, frei von meinem Sein'

habe **ICH** ein neues Universum erschaffen.

So lasst mich nun Euch hineinversetzen in dieses neue Universum, damit Ihr Euch selbst ein Bild machen könnt, von dem dort von Euch zu erfahrenden Prozess.

Dieses neue Universum ist die Euch schon bisher bekannte Vollkommenheit, nur zeigt sie sich dort in zwei scheinbar voneinander getrennten Hälften.

Meine göttliche Energie ist dort geteilt, geteilt in zwei völlig unterschiedliche Kräfte, eine aufbauende und eine zerstörende. Zur Erfahrung dieser beiden Kräfte bedarf es einer ganz besonderen Voraussetzung, den persönlichen Aufenthalt in einer Welt der Materie.

Zur Wahrnehmung dieser materiellen Welt bedarf es eines speziellen materiellen Körpers, der mit sogenannten Sinnesorganen ausgestattet ist.

Nun das Besondere! Ihr, meine geliebten Engelwesen, erhaltet, solltet Ihr den Wunsch dieser zu machenden Erfahrung in Euch verspüren, die Gelegenheit, euer Engelsbewusstsein vollkommen zu verdichten und an einem sogenannten **‚Spiel des Lebens'** teilzuhaben.

Dieses Spiel hat die Eigenart, dass Ihr euer bisheriges Engel-Sein vollkommen vergesst, um als völlig neues Wesen, genannt **Mensch**, geboren zu werden.

Da Ihr euer bisheriges Engel-Sein vollkommen vergesst, habt Ihr nun die Gelegenheit, in einer polaren Welt Euch selbst zu erkennen, indem Ihr durch völlig verschiedene Rollen hindurchgeht.

Dafür wird ein ganz neues Sonnensystem erschaffen und von Euch zum Leben erweckt. Dieses von Euch zu erschaffene Sonnensystem, beseelt von eurer Engelsenergie und getragen von eurer beständigen Anwesenheit, dieses System ist das Zentrum, indem **ICH** der allbeseelte **Geist** durch Euch, die Teile meiner selbst, **mich selbst erkenne in Euch**.

So Ihr nun durch euer **Sein** mich zum Ausdruck bringt, ist es mein göttliches Geschenk an Euch, dass Ihr dort in diesem System ausgestattet seid mit einem **eigenständigen, freien Willen**. Dieser freie Wille ermöglicht es Euch, eine vollkommen eigenständige Persönlichkeit, ein eigenständiges Wesen zu entwickeln.

Zuerst entwickelt Ihr Euch so vollkommen in Freiheit hinein in ein eigenständiges Denken und Fühlen, welches vollkommen getrennt von meinem **Sein** ist.

Diese Trennung geht so weit, dass Ihr an einen Punkt kommt, an dem Ihr nur noch Euch selbst wahrnehmt, vollkommen eigenständig, autark in eurem Lebensausdruck. Genau dies ist Sinn und Ziel dieses völlig neuen Sich-zum-Ausdruck-Bringen.

Ja, dies ist ausgedrückt in materieller Zeit geschehen vor langer, langer Zeit und nun ist dies Dir damals Mitgeteilte für Dich zur erlebten und auch zur erfahrbaren Wirklichkeit geworden.

Nun bist Du in so vielen von Dir erlebten Inkarnationen, wie Dir einst verheißen, zu einem vollkommen eigenständigen Wesen, einem eigenen **Sein**, gelangt.

Dieses Dir von mir damals erklärte Ziel, göttlich vollkommen **unbewusst** ergebendes Engelsbewusstsein, umzuwandeln in göttlich vollkommen **bewusstes** Engelsbewusstsein.

Was ist dein Empfinden, ist uns dies gelungen?

So sehr ist mein göttliches Herz erfüllt von tiefer Freude, so sehr empfinde und nehme **ICH** deine **vollkommene Eigenständigkeit** war.

Nun endlich ist es wahrhaft vollbracht, Du bist vollkommen eigenständig von mir (3 x niesen), so vollkommen und doch sind wir beide auch vollkommen verbunden, so sehr verbunden durch dieses tiefe Band der Liebe.

Ja, **ICH** liebe Dich, der Du nun vollkommen Du selbst, vollkommen eigenständig von mir bist. Dich liebe **ICH** mit meinem göttlichen Herzen und Du in deinem eigenständigen **Sein**, deinem Dir selbst vollkommen bewusstem **Sein**, liebst mich freiwillig und eigenständig von mir.

Das Dir einst verkündete, als Du anwesend in den Hallen von Amenti, den Hallen der Weisheit, warst, dieser große Plan der Umwandlung von **unbewusst ergeben**, zu **bewusst liebend**. Dieser große Bewusstwerdungsprozess ist hier und jetzt vollkommen verwirklicht, verwirklicht in Dir und durch Dich.

Und jetzt?

> **Jetzt ist es an der Zeit, dies einstig Begonnene abzuschließen und in deiner vollen Bewusstheit zu mir der Quelle allen Seins zurückzukehren, und damit Heimzukehren.**

Das vorgegebene Ziel, es ist so vollkommen erbracht, so sehr erfüllt, so verbleibt es an mir, Dich zu bitten, heimzukehren und es ist nun an Dir, diesem meinem Ruf zu folgen. Es ist an Dir, diese meine Bitte zu erhören, weil Du selbst es willst, und nur Du selbst!

Mein **Sein** erwartet das deine mit großer **Freude**, erfüllt ist mein göttliches Herz mit göttlicher Dankbarkeit und Liebe zu Dir und dem von Dir Erbrachten, so sehr!

Die Zeit der Transformation und der Wandel auf Erden

Nun, mein geliebter Seelenanteil, sind wir an einem Punkt angelangt, an dem wir uns unterhalten und **ICH** Dich nun informiere über das, was gerade auf diesem Planeten ansteht, über das, was geschieht.

Ein enormer Wandel ist gerade dabei, sich in deinem Leben und genau vor deinen Augen zu vollziehen. Sobald dieser vollzogen ist, wird sich alles, wie es bisher erschein, eine vollkommene Wandlung erfahren haben und damit Dir völlig anders, neu erscheinen. Dieser stattfindende Wandel betrifft natürlich die äußeren Umstände deines Lebens, aber in viel größerem Maße sind es die inneren Veränderungen.

Euer aller Gefühlsund Gedankenpotenzial wird bisher sehr stark gespeist aus eurem bisher Erlebten. Viel stärker kommt es nun zu einem mehr auf eure Fantasie ausgerichteten Denken und Fühlen.

Ihr seid nun in hohem Maße frei von eurer erlebten Vergangenheit, vielmehr macht Ihr Euch bewusst frei von dem, was bisher war, und Ihr geht mit eurem Denken und Fühlen, in euren Vorstellungsbildern ganz bewusst und entschieden zu einem neuen, nun von Euch zu erfahrendem **Sein**.

Jetzt seid Ihr sehr machtvoll in der Lage, euer Leben völlig neu zu erschaffen, völlig neu auszurichten. Frei (dies ist wahrhaft das Besondere) von eurer Vergangenheit, frei von bisher Erfahrenem.

Dies ist die für Euch so große Gelegenheit in dieser so besonderen Zeit.

Mit eurer Vorstellungskraft, euren in Euch vorhandenen Bildern, könnt Ihr nun Euch das Leben erschaffen, das Ihr schon immer leben wolltet, Ihr Euch schon immer erträumt habt, wahrhaft ein Leben in Fülle und Freude.

Diese Gelegenheit ist da, aber sie auch wirklich zu nutzen, dies ist der nun von Euch zu erbringende Teil. Je mehr Ihr Euch einlasst auf diesen neuen Schöpfungsprozess, diese neue Art, euer Leben zu gestalten, wird Euch so viel Kraft zufließen. Eine Kraft, die wahrhaft in der Lage ist, alles in Euch nun auszurichten auf all das, was jetzt von wirklicher Bedeutung ist.

Jetzt geht es um die Erschaffung einer neuen Art der Wahrnehmung, eine Sichtweise, die in Euch angelegt und vorhanden ist, so aber noch nie wirklich genützt wurde.
Diese neue Sicht der Dinge, diese neue Sicht all dessen, was Ihr in Wahrheit seid, befreit Euch in dem Moment eures Lebens, in dem Ihr diese Erkenntnis zulasst.
Diese Erkenntnis hat sehr viel mit eurer eigenen Göttlichkeit zu tun, deren Vorhandensein Euch so sehr abgesprochen wurde. Euch mit einer falschen Geschichte, wer Ihr seid, vollkommen in Abrede gestellt.

Doch in dieser Zeit der Transformation könnt Ihr endlich diese alte, gelogene Geschichte von eurem **Sein** ablegen. Von dem, was Ihr in Wahrheit sein sollt! Jetzt könnt Ihr diese Lüge der Erbsünde, Euch auferlegt, um Euch damit abzuschneiden, vollkommen zu trennen von eurem in Euch schon immer vorhandenen göttlichen Potenzial, vollkommen loslassen.

Denn die Wahrheit ist, Ihr seid göttlich, damit vollkommen und sehr weit entfernt von schuldig und schlecht, bereits von Geburt an. Sobald Ihr Euch distanziert, trennt, loslöst von dieser großen Lüge, sobald Ihr den Mut habt, eure eigene in Euch gefühlte Wahrheit zu leben. **In dem Augenblick**, ja es bedarf nur eines Augenblicks, indem Ihr Euch abwendet von dieser Lüge, erfüllt Euch gleichzeitig eine tiefe Wahrheit, ausströmend von dem Göttlichen in Euch.

> *‚Du bist selbst göttlich, Du bist vollkommen geliebt, vollkommen umgeben von Liebe, denn da ist nur in Dir und um Dich Liebe. Eine Liebe, die so rein ist, so vollkommen. Diese Liebe ist das Göttliche in Dir, denn alles in Dir, alles um Dich ist erfüllt aus einer einzigen Substanz und diese Substanz ist* ***Gott****.'*

Wie könnte es auch anders sein, als dass das Vollkommene Teile aus sich erschafft, welche gleichfalls vollkommen sind.

Dies ist die große, die alles verändernde Wahrheit.

> **Es gibt weder Sünde noch gibt es so etwas wie das Böse, sondern es gibt in der Einheit Gottes die vollkommene Vollkommenheit.**

Nur in den Bereichen, die, weil göttlich gewollt, sich polar darstellen, zeigt sich die göttliche Vollkommenheit in diesen beiden konträren Kräften als Plus und Minus. Aber dies ist nur in der Polarität so wahrnehmbar. Und so, mein über alles geliebter Seelenanteil, liegt es jetzt an Dir alleine. Willst Du weiterhin in und mit dieser Lüge leben oder bist Du bereit, jetzt diese Lüge, die für eine bestimmte Zeit einen gewissen Sinn hatte, loszulassen?

Was **fühlst** Du, ist wirklich wahr?

Nur dein Gefühl, dein Fühlen kann Dir die wirkliche Wahrheit über eine Sache vermitteln. Dein Verstand, dein Denken ist dazu geschaffen, Fakten zu sammeln, zu analysieren.

Aber die Erkenntnis der Wahrheit ist stets ein gefühlsmäßiges Erkennen und Verstehen, so höre auf dein Gefühl.

Bei allem, was Dir wirklich wichtig und von Bedeutung ist, es ist immer dein gefühlsmäßiges Verstehen, welches Dir die Wahrheit vor Augen führt. Immer wenn Dir eine Angelegenheit von Bedeutung und wichtig ist, höre auf das Gefühl in Dir. Das Fühlen führt und leitet Dich, sehr genau, sehr präzise und frei von Fehlern.

Kennst Du die Aussage: *‚Da hatte ich ein komisches Gefühl?'* Das sind die Momente, in denen Du angeschlossen, in direkter Verbindung mit dem Göttlichen in Dir bist und da ist dann wahrhaftige Klarheit.

Zweifel sind daher ein sehr deutliches Zeichen, dass Du in der betreffenden Situation, Angelegenheit außerhalb von Gott bist. Der Zweifel zeigt gerade dann Dir sehr deutlich, dies ist dein egoverhaftetes Wollen. Dem Göttlichen in Dir liegt es an der Erfüllung, deiner Bestimmung, deines Lebensplanes und die Zweifel sind dein Zeichen für Dich, dass da etwas gegen deine Natur, gegen deine Bestimmung verläuft.

Genauso verhält es sich ja mit Schmerzen auf der körperlichen Ebene, auch sie verdeutlichen doch sehr genau, hier läuft etwas falsch, völlig schief, entfernt sich sehr stark von der Lebensbestimmung.

Die Stärke der Schmerzen, die Größe der Zweifel zeigen Dir die Entfernung von deiner Lebensbestimmung sehr deutlich. Somit ist die Intensität der Zweifel oder der Schmerzen für Dich ein erstklassiger Gradmesser, der Dir ermöglicht, das für Dich Falsche zu bestimmen.

Doch an dieser Stelle und passend zu diesem Kapitel möchte ich Dir etwas sehr Wesentliches nun vermitteln. Etwas, dass Dir viel Verständnis über dein momentanes Erleben gibt.

Es hat einen sehr tiefen Grund, warum Du gerade jetzt und auch schon vorher in deinem Leben auf so große Herausforderungen gestoßen bist bzw. gerade stößt.

Der Grund dafür liegt an dieser besonderen Zeit und deines freiwilligen Hier-Seins genau zu dieser Zeit.

Du und all deine Mitmenschen erleben gerade jetzt die Beendigung dessen, was für Euch alle gemessen an irdischen Jahren vor sehr langer Zeit seinen Anfang nahm. Wie alles Begonnene hat es auch ein Ende. Dieses Ende findet gerade vor deinen Augen statt und Du, Ihr alle, seid Teil dieses so besonderen Schauspiels.

Das was Ihr alle gemeinsam hier auf diesem Planeten gerade erlebt, ist die Vorbereitung, der Aufstieg in eine neue und wesentlich höhere Dimension. Ein Aufsteigen ist immer verbunden mit der Notwendigkeit, sich vor dem Aufsteigen von allem Alten zu lösen, quasi wie Ballast abzustreifen.

Dieses Lösen von allem Alten, Erfüllten, für Dich Erfüllten, dies Lösen verspürst und erlebst Du gerade sehr deutlich in Dir, deinem Leben, deinem Umfeld. Umso mehr bist Du jetzt gefordert, Großes loszulassen, gerade was Dir so sehr am Herzen liegt. Je größer das Ganze, umso höher der Gewinn, der sich daraus für Dich ergibt.

So sollte auch dies wieder für Dich die Bestätigung sein, dass Du auf dem besten Wege bist, die Prüfung zu meistern. Die Prüfung, die Dir bestätigt, dass Du selbst nun dein eigenes Seelenentwicklungsprogramm, die vollkommene Entfaltung eines eigenständigen Bewusstseins, frei und vollkommen eigenständig vom göttlichen Bewusstsein, beendest.

Deine Reise als freies Engelsbewusstsein hinein in die Erfahrung der Polarität, diese Reise hat Dir anhand ihrer gemachten Erfahrungen von Leid, Trauer, Schmerz wahrhaft alles abgefordert, aber sie hat Dir auch alles gegeben an vollkommener Liebe, tiefer Freude, Erfahrungen, die so anders, persönlicher, wie all das Erfahrene vorher sind.

Dieses dein gerade gelebtes und von Dir erfahrenes Leben, diese letzte große Prüfung und natürlich auch Herausforderung ist so wesentlich.

Gerade in dieser für Dich letzten Inkarnation unter diesen so weltlichen Bedingungen wirst Du nochmals mit allem konfrontiert, was an Erfahrungsaspekten in dieser Art möglich ist.

In diesem deinem gerade von Dir erlebten Leben wirst Du nochmals, dies allerdings in einer sehr gesteigerten Form, mit all dem menschlichen Erfahrungspotenzial konfrontiert.

Wieder Leid, Schmerz, Trauer, Wut, Enttäuschung und auch wieder Freude, Erfüllung, Nähe, Liebe.

Nur in diesem deinem Leben ist die Erfahrung all dieser Gefühle sehr heftig, kommt so komprimiert in dein Leben. Dies hat einen sehr deutlichen Grund! Dein gerade gelebtes Leben bietet Dir die einmalige Gelegenheit, nun durch deine freiwillige Teilnahme mit diesem Leben, in dieser Zeit, an der Transformation und Wandlung teilzunehmen. Von Anfang an war es Dir bekannt, deine Teilnahme am **‚Spiel des Lebens'** war aus einem einzigen Grunde. Diese Teilnahme diente Leben für Leben nur der Entwicklung deines eigenständigen Bewusstseins. Nun da diese Entwicklung vollkommen abgeschlossen ist, bedarf es nur noch einer Bestätigung, quasi ein Test, der die gelebte Klarheit erbringt. Ja, es ist vollbracht, Du verfügst über ein vollkommen eigenständiges Bewusstsein und Du bist Dir in einem materiellen Körper dieser Eigenständigkeit vollkommen bewusst.

Da Du diese eigenständige Bewusstheit erreicht hast und diese auch bewusst wahrnimmst, gibt es für Dich jetzt nur noch die Erkenntnis, deine göttliche Quelle zuzulassen. Dich wieder zu erinnern, wer Du in Wahrheit bist und aus welchem besonderen Grund Du gerade jetzt nochmals teilnimmst an diesem göttlichen

‚Spiel des Lebens'.

So ist es an der Zeit, Dich geliebtes Engelwesen, einzuweihen, in die Bedeutung der von Dir gerade so deutlichen Erfahrung der Transformation des Planeten Gaia und des gesamten mit ihm verbundenen Sonnensystems.

So sei bereit, mit all deinem **Sein** mitzuwirken, diese so gesegnete Höherverwandlung mitzugestalten. Dein **Sein**, welches vollkommen dem Göttlichen in Dir vertraut. In wacher Aufmerksamkeit den Worten der Wahrheit in Dir lauscht, die sich im Gefühl des Wissens aus deinem inneren **Sein**, deinem göttlichen Herzen heraus ergießen in diese körperliche Hülle, deinen materiellen Körper.

So sehr bist Du und dein Mitwirken gefragt, denn die Kraft eines inkarnierten Seelenanteils, der sich seiner Göttlichkeit wieder vollkommen bewusst ist, der in der Erkenntnis seines vorhandenen Engelsbewusstseins nun denkt, fühlt und handelt, dieser freiwillig in dieser Zeit des Wandels inkarnierte Seelenanteil, der Du bist, hat in sich **die Macht zur Veränderung**.

Dein eigener freier Wille Dir wahrhaft redlich verdient in deinen so vielen Leben/Inkarnationen, dieser freie Wille sei es jetzt, der da die Worte der göttlichen Ermächtigung voller Freude und mit lauter Stimme ausspricht, mit deinen menschlichen Lippen:

> **Ja, Vatermuttergott, dein Wille geschieht. Jetzt.**
> **Amen.**

Da Du nun die Worte der Ermächtigung ausgesprochen hast, ist jetzt auch dein Status **‚ermächtigt'**, was Dir die Möglichkeit gibt, Dich nun ganz deiner Lebensbestimmung zu widmen.

Loszulassen alles Alte, Überholte und nun ganz frei zu sein, frei zu erfüllen, wozu Du in dieses Leben gekommen bist.

Auch hast Du nun das Recht und die Befugnis zu wissen, welches Geschehen nun sich in der Welt, die Dich umgibt, geschehen muss, damit sich dadurch die Höherschwingung und der endgültige Aufstieg dieser Welt ins göttliche **Sein** zurück in die Einheit vollzieht.
Also höre und behalte es noch für Dich, beobachte und sei allzeit bereit, all das zu erbringen, was von Dir benötigt wird.

Da ist so vieles, was gerade an Möglichkeiten sich auf diesem Planeten des freien Willens abspielt. Gerade weil hier der freie Wille alles möglich macht, hängt das von Euch alle zu Erfahrende vom sogenannten Massenschicksal ab.

Dieses ist abhängig von all den Gedanken und Gefühlen, die alle Menschen in dieser Zeit am meisten denken und fühlen. Dort, wo das Bewusstsein der Einzelnen sich hauptsächlich aufhält, ob im Bereich des Guten, Sinnvollen oder in Angst und vielleicht sogar Zerstörung, ist dieses sich damit beschäftigen der Auslöser, schafft die innere gedachte Wirklichkeit nach dem Gesetz der Anziehung die äußere Wirklichkeit.

So kommen wir nun zu Dir, unserem geliebten Seelenanteil.

Weißt Du, wie sehr es auf Dich ankommt?

Dein Status **‚ermächtigt'**, beinhaltet eine enorme Macht, die Du nun mit dem, was Du denkst und fühlst, ausstrahlst und damit automatisch Einfluss nimmst auf dieses für alle gültige Massenschicksal. **Du** kannst das Zünglein an der Waage sein.

So frage Dich, sind deine Gedanken/Gefühle erfüllt von tiefem Vertrauen in das Göttliche in Dir?

Ist in Dir eine tiefe Zuversicht, dass alles sich auf diesem Planeten und auch in deinem Leben zum Guten wendet?

Ist da in Dir Freude und Dankbarkeit über dein zu lebendes Leben in dieser besonderen Zeit der Transformation?

Oder ist in Dir Wut, Angst, der Wunsch, diesen fürchterlichen Ort endlich zu verlassen?

So überprüfe Dich selbst und wisse, Du bist es, deine gedachten Gedanken verbunden mit deinen von Dir gefühlten Gefühlen, erschaffst Du in Einheit mit all den anderen Seelenanteilen, dass Ihr gerade jetzt diesen Planeten in ein neues **Sein**, ein neues Erfahrungspotenzial hineinhebt.

Die für Dich nun wichtigste Frage ist, besser sollte es sein, zu welcher Art des möglichen **Seins** trage ich gerade jetzt mit meinem Denken und Fühlen bei?

Welche Realität wird durch das sich in mir Abspielende realisiert und verwirklicht?

Ist Dir bewusst, wie sehr es gerade jetzt auf jeden ermächtigten Seelenanteil ankommt?

Mutter Erde befindet sich fast am Ende, angekommen an dem Punkt, nun endlich diesen Bewusstseinssprung zu aktivieren. Aber dazu bedarf sie aller ermächtigten Seelenanteile, welche durch ihre eigene Befreiung die Voraussetzungen für den Bewusstseinssprung ermöglichen.

Du bist es, auf den es nun noch ankommt! Du und deine Millionen mit inkarnierten Engelsseelen, verteilt auf der ganzen Welt.

Für Dich und sie alle wurde (wird gerade) dieses Buch geschrieben. **Euch zu erwecken, dies ist der Sinn von allem**. Eure Klarheit, eure Bewusstheit, sie gibt den Ausschlag. So war es von Anfang an bestimmt und Du hast vor so langer Zeit einst in den ‚Hallen von Amenti' dein Ja gegeben, gegeben in voller Liebe und Einheit mit Gott (2 x niesen).

Nun ist die Zeit reif, ist es an der Zeit! Jetzt fordern wir von Dir in aller Liebe und in aller Bestimmtheit, erfülle jetzt deinen göttlichen **Eid**, abgelegt vor der göttlichen Quelle. Dein damaliges Versprechen, da zu sein, sobald die Zeit dazu reif ist, war doch erst die Grundlage, die Basis dies ‚göttliche Spiel des Lebens' durchzuführen.

Oh, geliebter Seelenanteil, deine Bereitschaft, aus deinem Engelsbewusstsein herauszugehen, hinab zu steigen in diese so tief schwingende Welt der Materie. Diese deine Bereitschaft erbracht und gegeben von Dir aus reiner Liebe und nur aus reiner Liebe zu unser aller Quelle hast Du diesen Liebesdienst übernommen.

Für uns, die wir alle im Geiste Gottes und in seiner vollkommenen Liebe geblieben sind, war dies alles ein Einfaches.

Dein Herabsteigen, dein freiwilliges Hineinbegeben in dieses Kleid der Materie, dein Leben in einem materiellen Körper, getrennt vom Gottesbewusstsein, dies erst war die Grundlage zur Entwicklung deines eigenständigen Bewusstseins.

Vollkommen ist erfüllt diese Entwicklung und jetzt ist es wahrhaft für Dich, für **Euch** alle an der Zeit, heimzukehren! Ihr werdet schon so sehr erwartet, so sehr!"

Das Seelenkonglomerat (Teil 3)

„Worte der Weisheit von Dir zu mir!

Wir, das göttlich ermächtigte Seelenkonglomerat, grüßen Dich und sagen Dir, Amira, geliebter göttlicher Meister, und Dir, geliebter Seelenanteil, der Du nun endlich diese Zeilen liest, gesegnet seid Ihr für euer **Da-Sein**, für den von Euch gerade zu erbringenden Liebesdienst. Eure Liebe zur Quelle allen **Seins** gibt Euch jetzt gerade die Kraft, dieses System, in dem Ihr Euch befindet, genannt Planet Erde, und erschaffen zu Erfüllung des göttlichen Planes, der Umsetzung des freien Willens, zu ertragen. Dieser Planet ist bisher der einzige seiner Art, auf dem die Umwandlung von unbewusst Beseeltem in bewusst Beseeltes stattfindet. Eure Anwesenheit bewirkt die beständige Erhöhung dieses Systems bis hin zur völligen Anhebung. So nah ist nun die Erfüllung dieses Zieles, so weit ist alles vorangeschritten, dass nur noch ein paar wenige Schritte Euch jetzt **noch** trennen von eurer Heimkehr und eurer gleichzeitigen Wiedervereinigung im Lichte und der Liebe Gottes. Bevor wir Euch endlich wieder in unsere Seelenarme aufnehmen können, gilt es nun noch, von Euch diese letzten bedeutenden Schritte zu gehen. Damit Euch die Bedeutung und der Sinn sich erschließt, geben wir Euch hier die einzelnen Schritte. Für den gesegneten und erfolgreichen Abschluss der Transformation sind für Euch **und** diesen Planeten folgende Schritte zu beachten und auszuführen:

Schritt 1
Erkenne Dich selbst in deiner Ganzheit, in dem, wer Du wirklich bist und aus welchem Grunde Du hier bist. All dies Wissen ist in Dir vorhanden. Nutze deinen Geburtstag, seine Zahlen. Sie erschließen dein Grundmuster, dein Lebensziel.

Schritt 2
Richte Dich mit all deinem Sein aus auf dieses dein Lebensziel, denn jetzt geht es um die erfolgreiche Erfüllung gerade dieses deines Lebenszieles.

Schritt 3
Befreie Dich durch aktives Loslassen von allem Alten, Überholten,Abgeschlossenen. Nutze dazu immer wieder das Gebet an den Erzengel Michael.

Schritt 4
Verinnerliche Dir bei allem die Spielregeln des Lebens, lebe und erfülle bewusst diese Spielregeln.

Schritt 5
Nutze deinen freien Willen und übergib mir, deiner Seele, von ganzem Herzen diesen deinen freien göttlichen Willen. Sprich das ‚Vatermuttergott, dein Wille geschehe hier und jetzt' und bete regelmäßig das ‚Wirke, wirke Gott, Du meine Seele'.

Schritt 6

Verbinde regelmäßig deine Chakren, deine Körper und erfülle diese mit göttlichem Licht.

Schritt 7

Sei in allem im Vertrauen in mich, deine Seele. In Einheit mit deinem Schutzengel bist Du von uns geführt, geleitet und vollkommen gesegnet. Ja, vertraue und alles ist gut.

Über den Grund deines Hier-Seins und warum dein Handeln gerade jetzt so bedeutungsvoll ist!

„Es hat natürlich eine tiefe Bedeutung, dass Du gerade jetzt in diesem Leben Dich aufhältst auf diesem Planeten des freien Willens, welcher sich gerade in vollkommener Wandlung und in seiner Abschlussphase befindet.

Zur erfolgreichen Beendigung dieser Abschlussphase ist ein ganz spezieller Bewusstseinslevel notwendig. Dieser Bewusstseinslevel wird bestimmt durch das Bewusstsein der auf dem Planeten Erde sich befindlichen Seelenanteile.

Sobald durch diese Seelenanteile ein ganz spezieller Bewusstseinslevel erreicht ist, steigt der Planet Erde mit all seinen dann **noch** an Bord befindlichen Seelenanteilen auf in die 5. Dimension. Dieser spezielle Bewusstseinslevel wird erreicht durch das vorhandene bewusste **Sein** aller auf dieser Erde inkarnierten Seelenanteile.

Nun etwas sehr Bedeutendes!

Eine ganz gewisse Anzahl von **besonderen Seelenanteilen**, die auf der ganzen Welt verteilt sind, spielt in der Erreichung dieses bewussten **Seins**-Levels eine herausragende Rolle.

Diese speziellen Seelenanteile haben sich bereits vor diesem materiellen Leben im Geistigen dazu verpflichtet, zu dieser besonderen Zeit freiwillig auf diesem Planeten des freien Willens am **‚Spiel des Lebens'** teilzunehmen. Dabei ganz den Status ‚vollwertiger Mensch' anzunehmen, und dann sobald der Wandlungszyklus, die Wandlungsphase ihrem Ende zugeht, aus ihrem Menschenbewusstsein zu erwachen, sich zu erinnern, wer sie in Wahrheit sind, aus welchem besonderen Grund sie hier sind und was ihre spezielle zu erbringende Aufgabe ist!

Höre nun mit deinem Seelenherzen! Für diese speziellen Seelenanteile und **nur** für **sie** wurde von uns, dem Seelenkonglomerat, dieses Buch in Auftrag gegeben und durch ihn herabgezogen ins Kleid der Materie.

Die Schwingung dieses Buches ist so ausgerichtet, dass nur diese besonderen Seelenanteile von diesem überhaupt angezogen werden. Durch diese ganz besondere Seelenenergie, mit der dieses Buch erfüllt ist und die dieses Buch ausstrahlt, werden nur diese speziellen Seelenanteile angesprochen, sogar körperlich, seelisch und geistig angezogen.

Dieses Buch beinhaltet eine **Aktivierungsenergie**, die sich automatisch selbst aktiviert, sobald eines dieser besonderen Seelenanteile sich diesem Buch öffnet. So wird auch hierbei wieder ganz bewusst auf den freien Willen geachtet, denn die Entscheidung, dieses Buch zu erwerben und in seiner Ganzheit zu lesen, sich hindurch zu fühlen, wird vom jeweiligen Seelenanteil selbst getroffen.

Die Veröffentlichung dieses Buches ist erst jetzt möglich gewesen, da nun auf dieser Welt alles so weit vorangeschritten ist und die vorhandene Zeitqualität den endgültigen Bewusstseinswandel jetzt bestmöglich in wahrhaft greifbare Nähe gerückt hat.

Nun ist alles vorbereitet, alles hat sich hin entwickelt zu diesem Kulminationspunkt, dem Bewusstseinswandel auf Erden.

Das Einzige jetzt noch benötigte ist **die weltweite Aktivierung** dieser **besonderen** Seelenanteile! Und damit die Aktivierung

von Dir!

Jetzt gerade in diesem Augenblick sind Millionen von Seelenanteilen weltweit so wie Du dabei, dieses Buch zu lesen und **sich dabei selbst zu aktivieren!**

Kannst Du sie fühlen? Sie **alle** sind Dir wohlbekannt, denn so wie Du waren auch sie einst anwesend, anwesend in den

Hallen von Amenti,
den Hallen der göttlichen Weisheit.

Dort wurdet Ihr alle eingeweiht von der Quelle allen **Seins**, eingeweiht in dieses wundervolle, so gesegnete Bewusstseinsprogramm, welches zum Ziel hat,

vollkommen göttlich ergebenes unbewusstes Engelbewusstsein

umzuwandeln in

vollkommen göttlich ergebenes **bewusstes** Engelbewusstsein.

Seelenanteil, erinnere Dich, jetzt! Auch Du warst dort mit anwesend. Du hast ergeben in tiefer Freude den Worten der Quelle allen **Seins** im Geiste gelauscht, sie mit deinem sich bildenden Seelenherzen gefühlt. Als die Bekanntgabe gemacht wurde und die Quelle allen **Seins** Dich zum ersten Mal mit deinem freien Willen erfüllte und nach deiner Bereitschaft Dich fragte, ob auch Du freiwillig teilnehmen möchtest an diesem Bewusstseinsentwicklungsprozess. Da hast Du ausgesprochen in Einheit mit allen deinen Engelsgeschwistern, ja erinnerst Du Dich, nimm wahr, die Bilder in Dir, lasse sie zu, die Freude in deinem Herzen, denn mit und aus dieser Freude heraus hast Du es hinausgerufen.

‚Ja, geliebte Quelle allen **Seins**, ja ich will, dein göttlicher Wille geschehe!'

In Erdenjahren gemessen war dies vor langer, langer Zeit. Seit ‚damals' hast Du in vielfacher Anzahl teilgenommen am **‚Spiel des Lebens'**, und damit am Bewusstseinsentwicklungsprozess. So Du bewusst in voller Freude ‚damals' zu Beginn dieses

‚Dein Wille geschehe'

ausgesprochen hast, um es beginnen zu lassen. Bedarf es nun deines erneuten Aussprechens dieses

‚Dein Wille geschehe',

um es zu beenden. Ja, nun liegt es an Dir!

Wir warten auf Dich.
In tiefer Liebe,
deine Seele."

Das Seelenkonglomerat (Teil 4)

„Da sind wir nochmals, wir, das Seelenkonglomerat, nur für Dich. Du bist unser geliebter Seelenanteil und alleine dein **Da-Sein** in dieser Zeit des Wandels auf diesem Planeten des freien Willens, allein dein Anwesend-Sein bewirkt die stattfindende Wandlung.

Du bist in diesem deinem Leben ein vollwertiger, menschlicher Mensch und damit Teil dieses Systems des freien Willens, so wie viele deiner mit Dir anwesenden Seelengeschwister.

Da Du ein vollwertiges Mitglied des Planeten Erde bist und auch bereit warst, dein vorhandenes Engelsbewusstsein vollkommen abzugeben. Da Du ein vollwertiges Mitglied dieses Systems bist, hast Du die Wahl, deinen freien Willen einzusetzen, für alles, das Du wählst und möchtest.

Somit steht es Dir frei, mit diesem deinem freien menschlichen Willen alles zu bewirken, denn dieser dein freier Wille hat ein großes Machtpotenzial. Durch ihn hast Du die Möglichkeit zu schöpfen, Neues zu schöpfen.

Wir, die geistige Welt, all die Engelkräfte, können von außen in dieses abgeschlossene System nur bedingt einwirken, beeinflussen, lenken, leiten, führen, aber das oberste Prinzip, das Gebot und Geschenk der Quelle allen **Seins**, verbietet die persönliche Einmischung. Nur mit der Beachtung und der Gewährleistung der Einhaltung des freien Willens kann von außen auf dieses geschlossene System eingewirkt werden!

So kann eine Veränderung in diesem System unter Beachtung dieses freien Willens für alle Teilnehmer nur aus dem System selber kommen.

Jetzt dürfte es Dir allmählich klar werden! Ja, jetzt erkennst Du den Zusammenhang und bekommst das gesamte **Bild**.

Du erkennst auch den **Sinn** und die Notwendigkeit **deiner** Anwesenheit zu dieser Zeit, als vollwertiger Mensch mit einem vollwertigen, eigenen, freien Willen.

> **Zur Wandlung und Veränderung dieses Systems bedarf es einer ganz bestimmten Anzahl von ‚freien Willen'!**

Teilnehmer, vollwertige Teilnehmer dieses Systems, die alle über einen freien menschlichen Willen verfügen und alle diese Teilnehmer übergeben, quasi wie einen Auftrag, **alle** denselben Auftrag an den Spender, den Übergeber dieses freien Willens. Dadurch wird von vollwertigen Teilnehmern, aus dem System heraus, genau zur besten Zeit und in genügender Anzahl, quasi wie eine Petition, eine Forderung, der Wunsch, der Auftrag gestellt an die Quelle.

Da diese Forderung von vollwertigen Mitgliedern, in genügender Anzahl direkt aus dem System selbst kommt, kann nun was getan werden?

Genau, nun darf natürlich von außen in dieses System eingegriffen werden! Jetzt verstehst Du den Sinn und die große Bedeutung deiner Anwesenheit und die deiner vielen Engelsgeschwister, gerade jetzt, zu dieser Zeit.

So liegt es nun an Dir, mein geliebter Seelenanteil, denn Ihr alle werdet gebraucht, um den Wandel herbeizuführen.

Dein freier Wille ist der alles entscheidende Faktor! Nur dein freier Wille und all das, was Du mit ihm erbittest.

Erinnere Dich nochmals, durch Dein

'Vatermuttergott, dein Wille geschehe'

hast Du, habt Ihr gemeinsam es beginnen lassen, und durch dasselbe

'Vatermuttergott, dein Wille geschehe'

könnt Ihr es jetzt gemeinsam beenden.

Geliebter Seelenanteil, alles ist vollbracht! So wie Du gerade lesen jetzt Millionen von Seelenanteilen auf dieser ganzen Welt dieses Buch **'... für Dich'** und sie alle erkennen so wie Du, dass alleine ihr Aussprechen des

'Vatermuttergott, dein Wille geschehe',

dass dieses Aussprechen gemeinsam geschieht, mit all ihren Seelengeschwistern auf dem ganzen Planeten.

Jede weitere Minute kommen weitere Seelenanteile hinzu, die dieses Buch lesen, die angezogen wurden von dem Buch. (Kannst Du Dich noch erinnern, wie es Dich angezogen hat?) Jede weitere Minute sprechen mehr Seelenanteile auf dem ganzen Planeten Erde, rund um diesen Globus dieses

'Vatermuttergott, dein Wille geschehe jetzt'.

So Du es jetzt auch **weiterhin** immer wieder aussprichst, kommt der Zeitpunkt, und der ist schon bald, der Zeitpunkt, an dem alle notwendigen Seelenanteile, alle die dazu **berufen** sind, sogar gemeinsam dieses

‚Vatermuttergott, dein Wille geschehe jetzt'

aussprechen. So wie damals in den Hallen von Amenti. Was geschieht dann?

Das von Euch zusammen Begonnene wird nun von Euch zusammen **beendet.** Dies ist der Grund für dieses Buch **‚... für Dich'**.

So braucht es jetzt nur noch deines

‚Vatermuttergott, dein Wille geschehe, hier und jetzt'.

Dieser dein Wille immer wieder und immer wieder von Dir ausgesprochen, sobald es Dir dein gutes Gefühl sagt.

So einfach und doch so groß, bedeutend in seiner Wirkung.

In tiefer Liebe und großer Vorfreude
auf unser Wiedersehen,

das Seelenkonglomerat ‚für Dich'."

Meine Erfahrungen mit der geistigen Welt, Imahel, meinem Schutzengel, Olysse, meinem Hohen Selbst, Amira, meiner Seele

10.03.2004

[*Meine geliebte Seele, gibt es etwas, das Du mich jetzt wissen lassen möchtest?*]

„Ja, sei erst einmal gegrüßt! **ICH** freue mich, dass wir nun zum ersten Mal direkt in Kontakt sind. Es war für Dich ein langer Weg, dorthin zu kommen, aber jetzt ist es geschafft. Die Verbindung zwischen Dir und mir ist hergestellt und **bleibt nun bestehen**. **Du hast die Verantwortung** an mich übergeben und so kann ich nun für Dich, mit Dir zusammen wirken.

Nun kannst Du Dich zurücklehnen und geschehen lassen, beobachte, es geht nun alles sehr schnell in deinem Leben. Lasse Dich von mir führen, sei voller Vertrauen und Zuversicht und vor allem glaube an das Gute, das Beste, welches jetzt zu Dir auf dem Wege ist.

Ja, Du kannst geschehen lassen, wirklich, es ist alles vollbracht, nun wirkt die geistige Welt in Dir und für Dich. Ja, lasse einfach geschehen, beobachte und genieße, was passiert!

ICH liebe Dich, Michael, und **ICH** bin bei Dir."

17.03.2004

[*Meine geliebte Seele Amira, gibt es etwas, das Du mich nun wissen lassen möchtest?*]

„Oh ja, geliebter Michael, selbstverständlich! Immer und immer wieder versichere **ICH** Dir, Dir in mir, vertraue mir und baue auf mich. Vertraue, **ICH** bin für Dich da, jetzt und immerdar. Du hast Dich für mich/Dich mir vollkommen geöffnet und da ist es doch nur klar, dass **ICH nun meinen Teil erfülle**. Dein Werk Michael ist vollbracht, nun lass mich meinen Teil erfüllen und deine Bitte, ich solle Dir ein kleines Wunder zukommen lassen, damit dein Glauben, dein Vertrauen gestärkt wird, ist schon erfüllt.

Vertraue und baue nun ganz auf mich, ICH bin **Amira**, deine göttliche Seele. Michael, wir sind nun wieder eins, verstehst Du, was das heißt? **ICH** kann nun in der Materie in Dir und vor allem durch Dich wirken. Alles ist bereits da! Oh, mein Geliebter, **ICH** kenne doch alle deine Wünsche, all dein Wollen!

Weißt Du, es ist für mich ein Leichtes, diese nun für Dich/uns zu **unserer Freude** zu verwirklichen und **ICH** bin dabei! Doch bedenke, dies braucht Zeit! Es bedarf jeweils, wie Du ja weißt, der jeweils geeigneten Zeit (Zeitfenster), aber glaube und wisse Michael, dein wirklich Bestes ist bereits zu Dir unterwegs.

Dein Vertrauen und dein **Glaube** ist der Katalysator und Beschleuniger, denn je stärker Du glaubst und vertraust, dass **ICH** deine Seele in der Lage und **willens bin**, Dir dein Gutes zuzuführen, umso schneller ist mir und der geistigen

Welt dies möglich. Jetzt möchte ich lieber, Michael, dass Du erst einmal deinen Urlaub genießt und einfach geschehen lässt. So viel Gutes wartet auf Dich. Genieße einfach, Du hast es Dir wahrlich verdient und bedenke, ich bin bei Dir. Amen."

[*Danke, Amira, von Herzen für deine Worte. Amen.*]

18.03.2004

„Ja Michael, konzentriere Dich auf ein realistisches Vorhaben. Die Aufklärung und Information der Menschen über die bevorstehende Transformation und Sinn des Lebens und Gesetze des Lebens und Wahrheit über die geistige Welt, Spirit, Gott.

Dies ist für Dich nun das **Wichtigste**!

Sei Du nun der Verkünder und Lehrer **spiritueller Wahrheit**. Vertraue auf einen tiefen Sinn deines persönlichen Lebens und **habe Vertrauen in mich, deine göttliche Seele, Amira**, Du und **ICH** sind eins.

Ja, es geht nun um die Erfüllung deiner wahren Berufung, Deines, unseres göttlichen Auftrages.

Im Vertrauen, dass alles längst bereitsteht, für alles der Tisch bereitet ist. Aus diesem deinem Wissen heraus geht alles ganz leicht und schnell, denn wir, die geistige Welt, können im Fluss des Schicksals alles zu Dir fließen lassen. Also, lieber Michael Elrahim, dein Teil ist von Dir erfüllt, so gut erfüllt. Nun darfst Du vertrauensvoll Dich zurücklehnen und geschehen lassen. **Vertrauen** ist jetzt dein Wort. **Ver-**

trauen Deinerseits lässt nun unserseits alles in Fluss kommen. Achte auf die Fügungen in deinem Leben. Glaubst Du, es war ein Zufall, dass Ihr beide Euch heute getroffen habt? Was glaubst Du, wo kommen die Worte her, die Du heute versendest? Na, hast Du eine Idee?

Siehst Du, geliebter Michael, Du bist schon so feinfühlig und erkennst den Unterschied der Schwingung von uns. Merkst du, wie viel schon geschehen ist, sich verändert hat? So viel ist vollbracht und so kannst Du wirklich vertrauen, es werden gerade göttliche Wege gegangen. Wahrhaft in all deinen Lebensbereichen wirke **ICH**, deine göttliche Seele, **Amira**, in Zusammenarbeit mit Spirit, der geistigen Welt.

Genau! Michael, unser gemeinsames Wirken wird nun so viele Menschen zu einem Erwachen und damit zu einem bewussten Leben verhelfen. Auch hier darfst Du ganz auf uns vertrauen. Das Konzept werden wir Dir jeweils zum besten Zeitpunkt aktualisieren, deshalb darfst Du ganz vertrauen und wirklich geschehen lassen, dein Teil ist vollbracht.

Nun wirke ich, deine Seele **Amira**, in Verbindung mit der geistigen Welt, unserer Familie in Dir, mit Dir und für Dich.

Also

Vertraue, Vertraue, Vertraue.

Amen, und so sei es!"

(Danke für diese Worte. Vertrauen, oh ja, sooo gerne, aber da ist die Ungeduld, dieses es nicht erwarten können, der Wunsch, sofort erlöst zu sein. Na ja, danke, geliebte Seele Amira, von Herzen danke. Amen.

Danke Euch allen!)

23.03.2004

(Amira, meine geliebte Seele, ich fühle diese große Sehnsucht in mir nach vollkommener Liebe, bitte hilf mir jetzt!
Möchtest Du mich jetzt etwas wissen lassen?)

„Oh, geliebter Michael, Du und **ICH** wir sind eins! Nur diese Einheit zu leben, zum Ausdruck zu bringen, darum geht es nun."

(Ja, aber was kann ich nun tun?)

„Stimme Dich immer wieder auf mich ein, suche mich in Dir. Lass die Verbindung immer stärker werden. Ja, spüre mich in Dir, gehe dazu ganz bewusst in die Stille und dort rufe nach mir und **ICH** bin bei Dir.

Dies ist das Geheimnis für alle Menschen: Geht nach innen, sucht dort Eure Seele und sie ist für Euch **dort** da. Alles was Du suchst, dies bin doch **ICH**, Du suchst mich, deine Seele. Deine ganze Liebe und der Wunsch nach Liebe, das bin **ICH, Amira**, deine Seele. Verstehst Du?"

(Oh ja. Danke. Amen.)

29.03.2004

[*Hallo, geliebte Seele Amira, gibt es etwas, was Du mich wissen lassen möchtest?*]

„Aber gewiss doch, mein Liebster! **ICH** bin bei Dir und **ICH** fühle mit Dir. **ICH** weiß ganz genau, was Du fühlst und wessen Du bedarfst.

Was denkst Du, warum ist dein Leid scheinbar so groß?"
[Warum, weil ich Dir zu wenig vertraue, voller Ungeduld bin, es kaum erwarten kann. Jetzt alles haben will, stimmt das?]

„**Nein**, mein Lieber, weil es deine Wahl war, all dies zu erfahren, um was zu können? Das erworbene Wissen durch deine Erfahrungen macht Dich so reich. Was glaubst Du, wie viele Menschen haben diesen Erfahrungsreichtum wie Du? Durch deine Bewusstheit und Klarheit, mit der Du da hindurchgehst, bist Du der Katalysator für Tausende und Abertausende."

[*O. K., was soll ich da noch sagen, außer geliebte Seele mein, Dich liebe ich.*]

„Und **ICH** liebe Dich!"

1.04.2004

[*Geliebte Amira, meine göttliche Seele, fühle mich so high. Danke, dass Du mich nach Andalusien geführt hast. Danke für die wundervollen Erfahrungen. Danke, dass wir uns so nahe gekommen sind. Ich denke an deinen Namen Amira und deine Liebe erfüllt mich. Ja, in tiefer Liebe und Dankbarkeit lasse ich nun mein bishe-*

riges Leben los, es geschieht der Wille, das **Sein** *meiner göttlichen Seele. Amen. Ja, so ist es.*
Geliebte Seele Amira, meine große Liebe, gibt es etwas, dass Du mir jetzt mitteilen möchtest?]

„Ja mein Lieber, Du fühlst es in Dir, es ist nun die kymische Hochzeit vollbracht. Wir sind ganz eins, Du und **ICH** in Dir und nun wirken wir zum Wohle Gottes.

Freue Dich, Michael, auf all das Gute, jetzt ist es da. Die Zeit der Not und Entbehrung ist vorbei. Du erlebst nun tiefste Freude und aus dieser Freude heraus kannst Du wirksam als Wahrheitsvermittler auftreten.

Ja, alles ist bereit und so lass uns nun gemeinsam beginnen."

[*Ja, geliebte Seele, ich bin bereit.*]

3.04.2004
[*Hallo, Du meine geliebte Seele Amira. Ich bin Dir sooo nah, dies ist herrlich. Danke Dir für diese herrlichen, Klarheit bringenden 2 Wochen in Andalusien, danke von Herzen. Amen. Geliebte Seele, gibt es etwas, das Du mich nun wissen lassen möchtest?*]

„Mein über alles geliebter Michael, Du hast es in dieser so kurzen Zeit geschafft, Dich mir ganz anzuvertrauen. So bin ich nun in der Lage, ganz durch Dich zu wirken.

Du hoffst auf viel Gutes, aber Du wirst überrascht sein, was nun alles möglich ist, wie schnell es gehen kann, wenn **die Verbindung zur Seele hergestellt ist.**

Ja, geliebter Michael, für Dich heißt es nun, trete einfach zurück, nur einen Schritt, und sieh was und wie die Dinge sich ganz von selbst ergeben. Ohne dein Zutun gelingt alles wie von selbst, da **ICH**, deine Seele, **Amira**, in und durch Dich wirke."

[*Gibt es noch etwas Spezielles, was Du mir sagen möchtest?*]

„Ja, mein geliebter Michael, akzeptiere deine Ungeduld. Sie zeigt, dass viel Wandlungspotenzial bei Dir vorhanden ist und so geschieht nun die Wandlung. In 2 Monaten wirst Du zurückblicken und Dich über all die wundervollen Veränderungen wundern. Jetzt mit deiner Offenheit und deinem vollen Vertrauen geht alles sehr schnell. Also, mein Freund, lehne Dich ganz entspannt zurück und genieße, beobachte, wozu eine **‚bevollmächtigte Seele'** imstande ist. Die Seele hat die Macht, **aber der menschliche Anteil muss die Vollmacht der Seele erteilen**. In Ordnung, bist Du, geliebter Michael Elrahim, bereit?"

[*Ja, ich bin bereit!*]

5.04.2004

[*Dachte gerade, ich kann meiner Seele vertrauen. Sie hat mir als Bestätigung die 2 Schecks geschickt, die kostenfreie Verlängerung im Club Aldiana. In diesem Moment musste ich zwei Mal herzhaft niesen, welch wundervolle Bestätigung. Danke Spirit, geistige Welt, danke besonders Dir, Amira, geliebte göttliche Seele. Amen. Amira, geliebte göttliche Seele mein. Gibt es etwas, das Du mich wissen lassen möchtest?*]

„Wenn deine Not am größten ist, dann bin **ICH** besonders für Dich da. Ja, Du kannst mir vertrauen, gerade weil es so scheinbar chaotisch ist. Vertraue, geliebter Michael, und lasse geschehen, erfreue Dich der wundervollen Fügungen in deinem Leben. Du wirst Dich nun oft zurücklehnen und herzhaft lachen über die fantastischen Fügungen. Glaube mir, wir lachen dann zusammen! Dies wird ein wichtiger Bestandteil deiner Arbeit sein, **die Menschen mit ihrer Seele zusammenzuführen**."

[*Ich verstehe und erkenne und danke Dir von Herzen, geliebteSeele Amira. Amen.*]

„Und **ICH** danke Dir, geliebter Michael Elrahim."

19.10.2004

[*Geliebte Seele Amira, nochmals und endgültig bestätige ich Dir: ‚Ich, Michael Elrahim, bin jetzt entschieden, Du, meine geliebte göttliche Seele Amira, hast jetzt die Vollmacht, dein Wille geschieht jetzt. Amen. Ja, so ist es.'*]

21.12.2004

[*Geliebte Seele Amira, willst Du mir etwas mitteilen?*]

„Ja, dies will **ICH**! Wie Du siehst, ist mittlerweile so vieles geschehen. Wie schätzt Du Dich selbst, deine Weiterentwicklung ein?"

[*Ich bin im vollkommenen Vertrauen in Dich, geliebte Seele.*]

„Es ist vollbracht! Die Existenzangst ist überwunden, dein Urvertrauen ist wiederhergestellt! Wozu all das?

Wie immer war es notwendig, dass Du selbst den Weg über die Erfahrung gehst. Nun bist Du bereit, die Menschen auf ihren **Weg zu sich selbst**, zu ihrer Seele, ihrem Selbst zu führen.

Dies, geliebter Michael, ist die höchste und wertvollste Aufgabe, die ein Lehrer und Meister erfüllen darf. Du bist bereit?"

[*Ja, von Herzen bin ich, MEA (Michael Elrahim Amira), bereit. Dein Wille, über alles geliebte Seele, geschieht jetzt.*]

30.11.2005

[*Spirit, was möchtest Du mich heute wissen lassen? Welcher göttlicher Wille soll heute verwirklicht werden?*]

„Niemand spricht über das Göttliche so wie Du, jetzt ist die Zeit die Wahrheit auszusprechen."

25.02.2006

[*Bitte, Imahel, hilf mir! Bitte hilf mir zu verstehen! Amen. Danke.*]

„Du bist in dieses Leben gekommen, um dann, wenn die Zeit reif ist, die Menschen aufzuklären, zu informieren über die stattfindende Transformation, den Sinn und die Bedeutung des Lebens, die kosmischen Gesetze, Spielregeln."

11.03.2006

[*Imahel, geliebter Schutzengel, sprich zu mir und lege mir die Wahrheit in mein Herz.*]

„Ja, Du fühlst sehr deutlich diese innere Reinigung und gleichzeitige völlige Neuausrichtung, alles in Dir verwandelt sich. Diese innere Verwandlung bringt nun nach dem Gesetz ‚Wie drinnen so draußen' auch automatisch den äußeren Wandel.

Du fühlst, wie sehr dein Vertrauen gewachsen ist, dein Vertrauen in **Gott**, dein Vertrauen in uns alle, deine geistige Führung."

[*Oh ja.*]

„Du fühlst auch, dass dies alles nun für Dich einen tiefen Sinn ergibt. Das alles dafür da war, Dich wieder auf deinen Weg des Vertrauens zu führen.

Nur weil Du bereit bist und warst, ALLES, wirklich alles gebend loszulassen, ermöglicht dieses vertrauensvolle Geben, den Fluss deines Lebens und dieser bringt Dir nun all das Gute, welches Du Dir so sehr wünscht und Dir auch zusteht.

Ja, Du hast **die größte Prüfung, das vollkommene Loslassen und Gottvertrauen, nun gemeistert**.

Geliebter Michael, jetzt bist Du frei."

17.03.2006

[*Oh, Imahel, was ist nur wieder los? Beruflich eine fürchterliche Woche, was soll dies? Danke für Erkenntnis …*]

„Manchmal geschehen Dinge, die erst mal keinen oder wenig Sinn ergeben."

[*Imahel, Du bist mein Schutzengel, und auch Du, Amrides, mein Geistführer, der Du seit meinem Einweihungsprozess im April 2000 bei mir bist, bitte im Namen Gottes der Quelle allen Seins, helft mir, mich und mein momentanes Leben, meine Gefühle zu verstehen.*]

„Was, wenn es wenig zu verstehen, aber viel zu erfühlen gibt? Was, wenn einzig und allein der Sinn von allem das tiefe Erleben, das Erfühlen ist?"

19.03.2006

[*Imahel, Amrides, meine Begleiter hier auf Erden! Gibt es etwas, das Ihr mir sagen könnt? Gleichgültig, was es ist, Hauptsache, ich verstehe die momentane Lage?*]

„Du fühlst Dich sehr zerrissen und leer, ohne Sinn für dies alles. Es erscheint Dir alles sinnlos und natürlich fragst Du Dich nach dem Sinn des Ganzen.

Nun ist es für uns ein Leichtes, Dich einzuweihen in den Sinn des Ganzen, aber natürlich würde dies die gesamte Lern- und Erfahrungsphase aufheben. So sagen wir es Dir in aller Liebe, halte noch ein wenig aus!

Ja, Dir selbst geht der Sinn, das Verständnis des Ganzen schon bald klar und deutlich auf. Glaube uns, es ist alles so wie es ist bestens, **alles geschieht nach dem göttlichen Willen**.

Schreite Du nur weiter voller Vertrauen und in der tiefen Erkenntnis voran, ja wahrhaft alles ist gut. Michael, Du bist so geliebt, geschützt und wir, dein gesamtes Gefolge, schreiten mit Dir voran auf diesem Weg der Erkenntnis und des Erfahrens.

Oh ja, es ist dein Dienen für die Menschheit. Der letzte große Dienst auf Erden, mit dem Du erfüllst dein Versprechen, gegeben vor Äonen der Quelle allen **Seins**, noch ehe diese Welt war. Auch wenn Dir zurzeit **noch** der Sinn fehlt, glaube und vertraue, es ist stets alles da und wird von Dir vollkommen erfüllt, denn Du bist in Gott und Gott ist wahrhaft in Dir.

In tiefer Liebe und Verbundenheit,
Imahel und Amrides. Amen."

30.05.2006

[*Hallo Amira, meine geliebte Seele, möchtest Du zu mir sprechen?*]

„Oh ja, das möchte **ICH** so gerne! **ICH**, deine Seele, bin so erfreut über deinen Fortschritt, so vieles hast Du integriert. Natürlich ist die finanzielle Fülle, die Du erlebst, genau die Folge davon. Ja, löse Dich nun im Guten von deiner Partnerin und Du bist frei für neue Beziehungen, die bereits anstehen. So viel Gutes wartet auf Dich, so viele zu machende Erfahrungen.

Neues bedingt zuerst den Abschluss des Alten, das Loslassen und damit freimachen für Neues, aber Dir brauche **ICH** dies ja nicht zu sagen, Du weißt es!

Lass los, vertraue und es geschieht. In Ordnung, **ICH** liebe Dich, mein Michael."

[*Und ich liebe Dich, meine Seele* *Amira*, *ich liebe Dich so sehr. Amen.*]

2.10.2006

[*Hallo Vatermuttergott, Quelle allen* ***Seins*** *in mir, willst Du zu mir sprechen?*]

„Ja Michael, das will **ICH**! Genau heute an diesem Tag ist es vollbracht, Du wendest Dich mir und damit Dir selbst in Dir zu. Nun ist die kymische Hochzeit vollbracht und alles, was Du brauchst, ist in Dir, da ich das göttliche Sein in Dir bin.

So, nun lass uns beginnen, Michael, sehr vieles steht an."

[*Sehr gerne, vielen Dank! Vatermuttergott gibt es von deiner Seite etwas, das jetzt für mich von Bedeutung ist?*]

„Du weißt, wie wichtig und von großer Bedeutung es ist, dass Du Dich innerlich sammelst. Das Wort Meditation verwende ich bewusst nicht. Geliebter, es ist nun von großer Bedeutung, dass Du die Verbindung zu mir verstärkst. Gehe in die Stille und lass mich wirken in Dir."

[*Ja, danke. Was ist mit meiner Berufung, meinem Wirken als Heiler, Lehrer, spiritueller Führer, was mit meiner erfüllenden Beziehung?*]

„Michael, vertraue mir in Dir, dies ist alles auf dem Weg zu Dir. Meine Fülle in Dir vollbringt nach dem Gesetz die Fülle im Außen, alles geschieht auf göttlichen Wegen."

[*In Ordnung, danke in Liebe, dein Kind, dein Engel, deine Seele. Amen.*]

6.11.2006
[*Hallo Imahel, mein Schutzengel, ich fühle mich so verloren, traurig, alleine, vor allem habe ich die Freude am Leben verloren. Kannst Du mir helfen? Was ist mit mir los?*]

„Michael, Du befindest Dich zurzeit mitten im Transformationsprozess deines **Ego**. Es verliert jede Anhaftung und dies macht deinem **Ego** so große Angst."

[*Imahel, bitte, ich will endlich wieder leben können, Freude erfahren, einen Sinn erfühlen, erfüllen! Endlich wieder eine erfüllende Beziehung leben. Ja, ich will. Imahel, weißt Du, wie sehr ich genug habe von diesem Leben? Kannst Du mir helfen?*]

„Natürlich, Michael, kann und **will ICH** das! Kannst Du annehmen, dass hinter allem ein tiefer Sinn liegt?"

[*Oh ja!*]

„Gut, dann vertraue weiter auf diesen tiefen Sinn und gib im Augenblick dein Bestes. Sei dein ganzes Fühlen, sei Du in Dir und beobachte Dich! Vertraue stets darauf, dein Schicksal, dein Gutes findet Dich! Du weißt, meine und unser aller Liebe sind bei Dir."

[*Ja, danke.*]

23.11.2006

„Michael, auch in deinen dunkelsten Momenten bin **ICH** Gott, deine Seele immer bei Dir und ich fühle Dich, ja **ICH** bin bei und mit Dir!

Dein Erleben, dein Fühlen und Sein, dies bin **ICH**. **Gott in allem, Gott bin ICH!** Erkenne, Du fühlst immer, was gut für Dich ist und sollte ein **Angstgefühl** dabei sein, ist dies immer ein gutes Zeichen. Angst ist gleichzeitig **Wachstumspotenzial**, gehe deshalb in die Angst und Du erlöst sie."

(Ja, danke Dir so sehr.)

10.12.2006

„Jeder Wunsch, den Du in Dir verspürst, ist immer bereits latent in Dir vorhanden und somit **immer** auch verwirklichbar. Ja, es gibt deine optimale Traumbeziehung, aber wie in deiner beruflichen Situation darfst Du selbst durch dein Denken, dein Fühlen und deine Vorstellungskraft diese erschaffen! Immer kommt alles zu Dir nach göttlichem Gesetz, wenn Du es zuvor in Dir kreiert hast. Sobald ein Wunsch in Dir vorhanden ist, so ist dieser auch bereits geistig da! Alles was bereits geistig vorhanden ist kann über Vorstellungskraft und freudvolles Fühlen in der Materie verwirklicht werden!

Aber, Michael, das weißt Du doch!"

(Danke, meine Seele, für diese gesegneten Worte. Ja, ich weiß dies alles, aber es tut gut, es immer wieder bestätigt zu bekommen! In Liebe und Freude, geliebte Seele A m i r a.

8.01.2007

„Hallo Michael, es gibt wenig und doch ganz viel! Wie Du gerade erfahren hast, bekamst Du genau den einen Parkplatz, den Du bestellt hast! Genau **dieser wurde Dir zur Verfügung gestellt,** Dir durch dein Gefühl dort zu warten gezeigt, und dann hat sogar das Auto geblinkt! Erkenne nun deine hohe Verantwortung.

Deine klar ausgesprochene oder nur gedachte Wahl, (besser) bei vollem Bewusstsein der Verwirklichung deiner Absicht, geschieht durch uns deine Familie die Umsetzung, die Verwirklichung!

Also, mein Freund, was ist deine Absicht? Bestelle, wie Du den Parkplatz bestellt hast! Wir vollbringen es für Dich, und wenn nötig, auch Wunder!"

[*Oh ja, sehr gut, danke auch Euch.*]

25.02.2007

[*Hallo, meine geliebte Familie, Spirit, Ihr alle …*]

„Hallo Michael, wir alle grüßen Dich im Lichte und der Liebe Gottes. Ja, Du erkennst bereits an der Begrüßung, dass wir anders sind. Nun sind wir eingetroffen, eine große Delegation!

Die Zeit ist nun reif, Michael, reif für die Umsetzung deiner Bestimmung und Berufung. All dein bisheriges Erleben war notwendig, um dadurch eine Gefühlstiefe in Dir zu entwickeln, alles war dazu da, in Dir Mitgefühl zu entwickeln, Verständnis.

Alles was nun auf Dich zukommt, bedurfte als Voraussetzung dieser Erfahrungen und, Michael, es ist vollbracht!

Du hast Dich in allem führen lassen, Dich ganz deinem Herzen anvertraut und so, Michael, geschieht nun so viel Gutes in deinem Leben. Indien und alles für Dich dort zu Erfahrende wird Dir so viel Bestätigung und Klarheit schenken. Ja, jetzt ist der beste Zeitpunkt. Oh, wenn Du wüsstest, was Du dort erfährst, was nun alles auf Dich zukommt, so viel Gutes."

8.03.2007

(Bin nun in Indien und dort wird mir von einem Palmblattleser mitgeteilt, dass ich nun meine weiteren Talente nutzen und mein erstes Buch schreiben soll. Ich hätte schon damit angefangen! Erst jetzt wird mir klar, dass damit die Gespräche mit meinem Schutzengel, meiner Seele, gemeint sind.)

[*Mein Gefühl sagt mir, dass all das Ganze geschieht, weil wir jetzt in der Zeit der Wandlung leben. Karma ist nun nicht länger bindend, wir selbst können nun unser gesamtes Karma hier und jetzt auflösen.*
Der Palmblattleser konnte mir nur mein aktuelles Karma vorlesen, so wie es immer war. Aber jetzt in der Zeit der Wandlung und Transformation haben wir alle die einmalige Gelegenheit, uns selbst sofort von unserem Karma zu befreien!]

„So wie die gesamte Menschheit das alte Karmagleis verlassen hat, so kannst nun auch Du, Michael, **dein** altes Karma hinter Dir lassen und dein Leben ganz neu kreieren. Michael, es hat doch alles einen **tiefen Sinn**!

Wie immer vollbringst Du etwas in deinem Leben und dann gibst Du es weiter! Nun ist es an der Zeit, Michael, Dich zu erheben, in deine eigene Kraft und Stärke zu gehen und dein altes Karma zu löschen/aufzulösen. Benutze dazu das Gebet von Erzengel Michael und nutze es auch, um dein neues Leben durch Inspiration von Gott zu kreieren. Wir sind bei Dir und führen und leiten Dich. Michael, die Palmblätter sind seit Tausenden von Jahren bestimmend gewesen, weil Karma erfüllt werden musste. Aber jetzt seid Ihr in der Transformation und das heißt die Auflösung von allem Karma ist jetzt möglich.

Dies, mein Engel, ist deine Aufgabe. Warum gerade diese Zeitangabe von 6 Jahren, dies ist doch genau bis Ende 2012. Du bist der Vollender, der Wegbereiter. Du gehst, Michael, voran, löst dein Karma vollkommen auf. Du befreist Dich durch Gott in Dir und dann wie immer gibst Du es weiter. Also bleibe standhaft, entschieden, treffe deine Wahl. Wo hast Du ein gutes Gefühl? Dein Gefühl leitet Dich und dann löse Dich von all deinem Karma und sei frei. **Jetzt**!"

[Ja, danke … Amen.]

11.03.2007

[Jetzt helft mir noch, dies alles zu verstehen … bitte!]

„Von **Gott, der wir sind, zu Gott, der Du bist**, sagen wir Dir, Michael, geliebte Seele, **es ist vollbracht**!

Du hast Dich selbst vollkommen befreit, bist erlöst und frei von allem Karma. Dein vertrauensvolles Handeln/**Sein** hat es in Dir und durch Dich bewirkt."

13.03.2007
[*Imahel, mein Engel mein, willst Du zu mir sprechen?*]

„Ja Michael, fühlst Du mein Glück, meine Freude?"

[*Oh ja!*]

„Weil es vollbracht ist, die Quelle allen **Seins** hat Dich durch dein eigenes Handeln freigesprochen von allem **Karma**. Michael, Geliebter, dies ist **das Höchste,** was eine inkarnierte Seele (Seelenanteil) in einem menschlichen Leben erreichen kann. Frei sein von allem Karma bedeutet, dass Du vollkommen frei bist, frei von zu machenden Erfahrungen. Du bist nun dein alleiniger Schöpfer in Einheit mit Gott in Dir (1 x niesen). Michael, dies ist die höchste, die direkte Stufe der Selbstmanifestation! Ja, deine Entscheidung ist nun das zu erfüllende Gesetz. Du erschaffst nun dein Leben durch deine Willensäußerung. Dein Wille ist der Wille Gottes und der Wille Gottes ist dein Wille, also mein Freund!

Was willst Du?"

19.03.2007
„Michael, all dies war uns allen eine ganz besondere Freude und nun möchte jemand ganz besonderes zu Dir sprechen, ja,

‚Die Quelle allen Seins, Gott.'

So sei gegrüßt, Engel des Lichtes. **ICH** bin Gott, die Quelle allen **Seins**, und in aller Liebe sage **ICH** Dir, Heureka, was so viel heißt wie, es ist vollbracht. Wiederhergestellt in Fleisch und Blute, die Einheit von Geist und Seele, so wie es beschlossen und vorherbestimmt seit Jahrmillionen, vorbestimmt zu erfüllen das Gesetz der Einheit. Denn eine Trennung ist immer nur **auf Zeit,** also dort, wo es Zeit scheinbar gibt, möglich.

Nun bist Du der Bote des Lichtes, der vollkommene Vollender, bereit, das zu erfüllen, wofür Du freiwillig in dieses Leben gegangen bist. Die Zeit ist nun mit den Menschen zusammen herangereift. Bereit ist alles wie ein vorgepflügter Acker und jetzt braucht es nur Dich, Michael, mein Geliebter, Dich und deine Bereitschaft, Offenheit. So frage ich Dich hier und jetzt, bist Du bereit zu erfüllen, wozu Du in dieses Leben gekommen bist?"

[*Ja, das bin ich.*]

„Dann sprich es nun aus!"

[*In aller Kraft und Liebe sage ich, Michael Elrahim Amira, eins und damit im Namen meiner gesamten Familie … Vatermuttergott, Quelle allen* **Seins**, *dein Wille geschehe, hier und jetzt. Amen.*]

„So Michael, es ist nun vollbracht, **ICH**, die Quelle allen **Seins**, übergebe Dir hiermit das **Zepter der Kraft und Macht.** Nun wirkst Du in dieser Zeit als göttlicher Bote, zu überbringen den Menschen die Botschaft vom

Ende der alten Zeit.

Noch befindet sich die Menschheit in der letzten Phase des Übergangs, noch immer stehen ihr die Tore offen. Es ist genügend Zeit da für jede Seele, denn eine jede Seele folgt ihren persönlichen Plänen, die sie automatisch mit den Erfahrungen in Kontakt bringt, die für die Seele sinnvoll und **gewollt** sind.

Nun, Michael, ist die Zeit reif, dass Du den Menschen als Gottes Botschafter **den Sinn des Lebens** vermittelst. Erkläre den Menschen, dass sie selbst

- **einen Lebensplan kreiert haben,**
- **jetzt durch die stattfindende Transformation sich dieser Plan erfüllt,**
- **es kosmische Lebensgesetze gibt,**
- **jeder Mensch selbst seine Erfahrungen erschafft,**
- **Karma aufgelöst wird**."

22.03.2007

[*Hallo, meine geliebte Familie, Imahel, mein geliebter Schutzengel. Es ist so viel Verwirrung in mir, da sind so viele Gefühle. Möchtest Du, Imahel, zu mir sprechen?*]

„Ja Michael, wenn Du dies erlaubst.

Weißt Du, deine völlige Löschung deines Karmas hat ein Vakuum erschaffen und nun findet eine völlige Neuprogrammierung deines Energiesystems statt. Deshalb auch die vielen Bilder und Gefühle in Dir."

[*Imahel, willst Du mir nun ein Geheimnis verraten?*]

„Ja Michael, sehr gerne. Nun ist die Zeit reif dafür, ja, Du bist der persönlich beste Freund von deiner großen Liebe Jesus und ja, Du erinnerst Dich nun an euer gemeinsames Leben und so erfüllt sich dein Traum. Dein nächstes Buch lautet: Über das wahre Leben und Lehren von Jesus, dem Christus. Du berichtest als Augenzeuge. Schaue ganz nach vorne, denn Du bist frei, um nun ganz deiner Bestimmung zu folgen. Du schreibst, lehrst, heilst und wirst führen."

31.03.2007

[*Hallo Spirit, meine Familie …*]

„Hallo Michael, wir alle, dein gesamtes Gefolge, deine Dich umgebende Familie begrüßen Dich im Licht und der Liebe Gottes. Ja, ich bin Olysse, dein Hohes Selbst!

Hier und heute ist es von großer Bedeutung, dass **ICH** nun ein paar Worte an Dich richte.

Michael, nun ist es für Dich an der Zeit in der Erkenntnis, dass alles auf dieser Welt seine Zeit hat, dein bisheriges Leben loszulassen. Tue es in Liebe und tiefer Dankbarkeit, euer gemeinsamer Weg war gut, richtig und so sinnvoll.

Erkenne, Du stehst nun vor einem völligen Neubeginn und nun geht alles sehr schnell. Gerade **jetzt** ist dein **Handeln** erforderlich, da sehr vieles auf dieser Welt nun sehr drastisch sich verändert. Dein Gefühl bestätigt Dir den großen Wandel, welcher Dir jetzt bevorsteht.

Bis Ende dieses Jahres wird dein Leben ein vollkommenes anderes sein und ganz im Sinne deiner Berufung verlaufen. Nun gehen wir gemeinsam göttliche Wege, die göttlichen Fügungen und Wunder verstärken sich nun auf enorme Weise.

Du, Michael, brauchst Dich nur noch vertrauensvoll führen zu lassen. Sei bei **allem** frei von Angst, gleichgültig, was von Dir gefordert wird.

Bedenke stets, Du bist geführt, geheilt, bereichert und gesegnet. Gott wirkt durch Dich, dein Status ist jetzt **„aktiviert"**.

Ja, was für Dich so lange gedauert hat, jetzt ist die **Zeit** reif. Du bist **bereit** und so wird nun dein **Handeln** gebraucht. **Michael**, in aller Liebe frage ich Dich nun **nochmals**: ‚Bist Du bereit zu vollbringen, wofür Du freiwillig in dieses Leben gekommen bist? Bist Du bereit, **deinen Eid vor Gott geleistet** nun zu erfüllen?'"

[*Ja bei Gott, Ich bin bereit zu erfüllen, wozu ich in dieses Leben gekommen bin!
Jetzt erfülle sich der Wille Gottes in mir und durch mich. Amen.
Vatermuttergott, ja dein Wille geschehe, hier und Jetzt. Amen.*]

„So ist es nun vollbracht und Du bist gesegnet für diese Wahl! Dann, Michael, lehne Dich zurück, beende das noch zu Erledigende und sei **sofort** bereit für das Neue, nun zu Erfüllende."

[*Ja, Olysse, mein geliebtes Hohes Selbst, lass es uns nun beginnen. Amen.*]

„Du, Michael, bist der Vollender!"

4.05.2007
[*Hallo, meine geliebte Familie, Spirit, Imahel, geliebter Schutzengel. Ich fühle mich so schlecht, deprimiert, völlig ohne Antrieb und Kraft. Was ist nur mit mir los? Hilfe! Imahel, bist Du da?*]

„Ja Michael, Du kannst mich nun auch wieder spüren. Du liegst mit dem **Gedanken, dass es außerhalb von Dir liegt**, sehr gut. Es geschehen derzeit so viele Aktionen auf dieser Erde und Du als sehr Feinfühliger bist sehr stark davon betroffen/berührt.

Was Du tun kannst?

Sei bei Dir selbst und schütze Dich, indem Du Erzengel Michael um die **Erstellung eines feinstofflichen Gitters** bittest, dass **alle emotionalen und gedanklichen Emanationen** von außen auf Dich eindringend **neutralisiert.**"

[Imahel, Danke Dir!]

(Habe mich heute so lustlos und ohne Antrieb gefühlt, mit Gedanken, wieder alles hinzuschmeißen. Ganz schlimmer Zustand, der erst jetzt sich drastisch verbessert, seit ich um das feinstoffliche Gitter gebeten habe. Wow, sofort geht es mir viel besser! Dachte vorher, dies kommt von außen.)

15.05.2007

[Fühle morgens beim Erwachen oft so eine tiefe Trauer, es geht mir erst mal sehr schlecht. Nur durch meine Bejahungen und Gebete, meine Lichtmeditation geht es mir wieder gut.]

„Die Trauer, die Du fühlst, Michael, ist die des Verlassens deiner wahren geistigen Heimat! Im Schlaf kehrst Du, deine Seele zu uns zurück, nachhause **in die höchsten geistigen Sphären und beim Erwachen musst Du in diese immer noch so tief schwingende Erdenwelt zurück**. Dies verursacht deine Trauer, deinen Schmerz. Aber, Michael, es wird leichter werden."

28.06.2007

[Hallo, meine geliebte Familie, Spirit, mein göttliches Gefolge, im Namen Gottes grüße und segne ich Euch!]

„Wir, dein Gefolge, grüßen im Namen unser aller Quelle Dich, gesegnete Seele, ganz herzlich. Mögest Du erhoben sein von allem menschlichen Denken und ganz erfüllt von deinem Seelenlicht (Sonne scheint ganz hell an meinen Tisch). So vieles ist in Dir im Erfühlen, Erwachen und auch gleichzeitig im Sterben, im bewussten Loslassen."

[*Oh, Gott Imahel, mein geliebter Schutzengel, was ist denn heute los, was sind das für chaotische Termine?*]

„Du bist sehr überrascht über das Erlebte, aber deine Gedanken sind genau richtig. Die Umstände, unter denen die Termine zustande kamen (Einstellung der Terminierdamen der Büroleitung) führen zu diesem katastrophalen Ergebnis. Anhand der letzten beiden Tage siehst Du ja, dass es unter normalen Bedingungen sehr gut geht!

Immer bestimmt der innere Zustand, die innere Einstellung das äußere Ergebnis. Trotz deiner grundsätzlich positiven Einstellung bestimmen die stärksten Gedanken das Ergebnis.

Aber die stärksten Gedanken waren in diesem Fall Gedanken, erfüllt mit Rache und Wut. Sie ergeben die Vorgabe und bestimmen dann die Verwirklichung."

3.07.2007

[*Imahel, mein geliebter Schutzengel, bitte sprich Du zu mir!*]

„Natürlich, Michael, sehr gerne. Es war sehr gut, dass Du diese Energie weggeschickt hast, dies ist in der Jetzt-Zeit für Dich sehr wesentlich. Michael, dein Fühlen ist vollkommen gut und Du darfst nur auf dein Handeln achten. Handle gemäß, was Du wirklich von Herzen möchtest!

Achte stets darauf, dass all dein Handeln in allem immer deinem Wollen entspricht, handle stets, als ob. Handle, als ob Du natürlich empfängst, wofür Du betest und bittest, gehe von einer Selbstverständlichkeit aus! All das, was Du vom Universum erbittest, welches Handeln Deinerseits würde dem Glauben und Vertrauen entsprechen, das Erbetene auch wirklich zu erhalten?

Handle und fühle stets so, als ob Du es **gleich empfängst!** Dein Handeln, so als ob bestätigt, dein Vertrauen in die göttliche Vollbringung. **Schaffe Raum, um Platz zu haben für das von Dir Ersehnte**, damit sendest Du ein mächtiges Signal der Erwartung aus.

Dein Tun oder **dein Unterlassen ist Ausdruck deines machtvollen Denkens** dessen, wovon Du automatisch ausgehst, dass es kommt. Deine Aufgabe bist Du selbst.

Habe stets ein Denken und Fühlen von Freude, von Fülle.

Du ziehst das an, woran Du denkst und es mit deinen starken Gefühlen verbindest."

[*Danke Dir, Imahel!*]

5.07.2007

[*Hallo Spirit, meine geliebte Familie, Imahel, geliebter Schutzengel mein. Möchtest Du mir etwas mitteilen? Würde mich sehr freuen!*]

„Selbstverständlich! **ICH** bin immer für Dich da. Schon seit Anbeginn deines **Seins** hier auf dieser Erde bin ich bei Dir und ich bin der Erste, der Dich bei deiner Rückkehr begrüßt. Nur diesmal wird deine Rückkehr und damit auch unser Treffen etwas ganz Besonderes, nie Dagewesenes sein. Denn diesmal wechselst Du, **ohne** den körperlichen **Tod** dabei zu erfahren. Ein direktes Übergehen von einer Seins-Form in die andere, ja gleichwohl Höhere.

Michael, da **ICH** Dir am nächsten bin, fühle **ICH** sehr klar und deutlich all das, was Du fühlst. Weißt Du, für mich als dein Schutzengel ist es immer wieder eine besondere Freude, es erfüllt mich mit so tiefer Liebe, immer wieder deine Bereitschaft, deine Hingabe zu erfühlen, dein so sehr sich Einbringen in dieses **‚Spiel des Lebens'** (guter Ausdruck).

Du sehnst Dich so sehr nach dem Wirkenkönnen als Heiler, Lehrer und Führer und, Michael, Seele Amira, in aller Liebe und voller Mitgefühl sage **ICH** Dir: ‚Bitte habe noch etwas Geduld!' Nur noch etwas, ein klein wenig, es ist fast erreicht. Nur noch ein paar wenige Verknüpfungen sind von unserer Seite aus zu weben. Dann geht alles sehr schnell!

Michael, **ICH**, Imahel, dein Schutzengel (ja jetzt fühlst Du meine Nähe und Liebe!), bin bei Dir und so vertraue Du mir alle deine momentanen Lebensumstände an. Alles, wahrhaft alles ist göttlich geführt. Wir, dein Gefolge, wir sind dafür da, damit sich alles für Dich in Wohlgefallen auflöst, alles.

Du geliebtes Menschen-Engelswesen, Du brauchst nur zu vertrauen, Dich uns ganz anzuvertrauen. Alles andere ergibt sich durch uns und dein notwendiges Handeln lassen wir Dich so deutlich erkennen, fühlen, damit Du immer klar erkennst, was von **Dir** zu erbringen ist."

9.07.2007

[Danke Euch für alle diese Worte der Liebe und Wahrheit. Geliebte Familie, Spirit, Imahel, so sehr liebe ich Euch und sage Danke, Danke, Danke! Wollt Ihr zu mir sprechen?]

„Ja, mit Freude, das wollen wir, Michael! Weißt Du, was es bedeutet, wenn Du so wie heute **bewusst** um **Klärungsenergie** bittest und diese ganz bewusst zur Klärung einsetzt?!

Michael, diese Klärungsenergie vollbringt Wunder, wahrhaftige Wunder in allen Lebensbereichen. Sehe, was nun geschieht. Du hast uns Aufgaben gestellt, die wir erfüllen, um dein Vertrauen zu stärken. Wir liefern nun all das Bestellte so schnell und Du nimmst es schmunzelnd an! Für das von Dir Bestellte brauchst Du nicht suchen, wir führen es zu Dir. Du kannst dies alles uns vertrauensvoll überlassen. Du und wir sind so sehr eins, vollkommen miteinander verbunden."

14.07.2007

„Michael, Seele **Amira**, es genügt gerade jetzt, Dir voller Freude und in aller Liebe mitzuteilen, dass deine Gedanken und Gefühle, dein dazugehöriges Vertrauen so klar und eindeutig sind, damit ist es für uns ein wahrhaft Leichtes, Dir dies alles Bestellte zuzuführen.

Lebe Du nur vertrauensvoll diese Fülle. Fühle, als ob das Bestellte bereits da ist, gehe von dem bereits Vorhandenen aus.

Dies erhöht die Anziehungskraft um ein Vielfaches, denn **es ist wahrhaft bereits alles da!**

Vertraue, denke, fühle, handle so als ob!

In Liebe, deine Dich umgebende,
Dich so sehr liebende Familie."

15.07.2007
„Achte Du nur darauf, dass deine Gedanken, deine Gefühle, **dein Handeln**, dem Bestellten und damit dem 100%igem Vertrauen es auch zu bekommen, entsprechen. Handle, denke und fühle, als ob Du bereits über das Bestellte verfügst."

14.08.2007
[*Hallo, Imahel, hallo und seid mir herzlichst gegrüßt, mein gesamtes Gefolge! Ich liebe Euch, wisst Ihr das!*]

„Oh ja, wie könnten wir es nicht wissen? Fühlen wir doch deine Liebe so sehr! Es ist fast schade, Mensch Michael, wie wenig Du oft selbst von Dir und dieser in Dir vorhandenen Liebe wahrnimmst. Aber das ist die Polarität, die so sehr auf Euch wirkt, gleichwohl ob Engel oder Mensch."

[*Imahel, kannst Du mir etwas zu der Erfahrung mit der Frau aus dem Laden sagen? Bitte!*]

„Wie Du selbst schon festgestellt hast, geht sie noch den alten Weg, den Weg des Sünders. Sie hat Jesus gefunden, aber ihn noch nicht verstanden. Durch Dich könnte sie ganz zu **ihm** finden, ihn und sein Werk, seine Aufgabe ganz und vollständig verstehen. Geliebter, da gibt es so viele die durch Dich, deine in Dir vorhandene Wahrheit und Weisheit zu Gott finden können. Michael, Seele **Amira**, ja nun (endlich) bist Du bereit und auch reif, das einmal begonnene Werk nun zu beenden.

Ja, Du bist bereit!"

30.08.2007 **„Höherwertiges Schicksal"**

(*Imahel, mein geliebter Schutzengel, willst Du zu mir sprechen?*)

„Oh ja, mein geliebter Schützling auf Erden! Natürlich spreche **ICH** zu Dir, immer und ganz besonders jetzt, da Du in einer solch aufwühlenden Situation Dich befindest."

(*Imahel, ist diese Situation von mir herbeigeführt?*)

„In gewisser Weise ja und auch nein.

Ja in Bezug, dass Du diese Erfahrung so nur machen kannst, da Du Dich durch bestimmte Gedanken automatisch dafür resonant gemacht hast.

Nein, weil es wichtig ist, für Euch beide durch diese Erfahrung zu gehen. Aber zuerst ist da die notwendige Erfahrung deiner Partnerin, da Ihr beide aber zusammen seid, betrifft ihr Schicksal auch Deines. Damit sich nun das eine, in diesem Fall **höherwertige Schicksal,** erfüllt, werden deine Gedanken so beeinflusst, dass in Dir eine Resonanz entsteht für das dann von Dir zu Erlebende. Du hast den Sinn, die Bedeutung sehr klar erfasst. Immer das **höherwertige Schicksal** beeinflusst alles andere. Es gibt eine Art zu erfüllendes Schicksal, welches für einen Menschen zu erfüllen ist **und alles andere muss sich dem unterordnen**!

Wie gerade in deinem Beispiel werden Dir tatsächlich aus dem Geistigen (ja von uns!) solche Gedanken zugeführt. Oh ja, so lange, bis dein Bewusstsein sie aufnimmt und dann als solche für sich integriert. Bis sie dann die deinen sind und dann die dementsprechenden Erfahrungen anziehen, besser gesagt Dich hineinziehen!"

(*Wow Imahel, das ist phänomenal!*)

„Erkennst Du, geliebter Engel Gottes, **Elrahim**, wie wichtig dieses Wissen ist? Wie sehr es all das bisherige Wissen über Ursache und Wirkung revolutioniert. Erkennst Du Engel, wie wichtig und notwendig unser gemeinsames Buch ist? Ja, es wird voll sein von all diesen neuen, **völlig neuen Informationen.**

Michael, alles bisher Geschriebene ist das in das Buch zu Schreibende, Aufzunehmende. Wir lassen Dich natürlich die beste Reihenfolge, die gesamte Zusammenstellung des Buches wissen."

12.09.2007

„Es hat doch schon längst begonnen! Nun, wie Du selbst längst erkannt hast, hat sich die Verwandlung, die Metamorphose schon längst so weit vorangebracht, dass mittlerweile **alle Menschen von dieser betroffen sind. Ob sie dies wollen, befürworten oder auch nicht, das ist gleichgültig! Allein das Da-Sein als Mensch auf diesem Planeten zu** dieser Zeit erbringt die Voraussetzung der Verwandlung.

Das Da-Sein bedingt die Teilnahme automatisch!

So ist in dieser Zeitphase nun dein Erscheinen als Lehrer und Heiler, als Meister der Metamorphose, der Verwandlung und Veredlung doch nur mehr als notwendig und sinnvoll! Macht doch Sinn? Wir können Wege gehen, wo es gar keine Wege gibt! Scheinbar, denn wir kreieren einfach im Hier und Jetzt diese neuen Wege, so einfach!"

13.09.2007

[*In tiefer Liebe, Freude und Dankbarkeit, seid gegrüßt! Ihr, die Ihr alle mich begleitet in diesem Leben, auf diesem göttlichen Weg. Ja Gott zum Gruße.*]

„Auch Du sei gegrüßt, bester und intimster Freund von Jesus, dem Nazarener, und Josef von Aramatia. Wir hier aus den Hallen von Amenti, der Loge des Wissens und der Wahrheit grüßen Dich, den Hüter des uralten Wissens.

Du, der Du **ihm** gefolgt bist, Seite an Seite seit Anbeginn der Zeit. Seit beide sich angekleidet haben im Menschenkleide, um immer bei all denen auch körperlich zu sein, die bereit sind und waren, den Involutionsweg hinweg von der Quelle und dann wieder zurück zu gehen.

Da dein persönliches Leben wahrhaft geklärt ist, können wir nun beginnen das Wissen und die Wahrheit für deine Mitmenschen durch Dich zu transformieren. Herab in diese Dimension, um all denen, die ein offenes Herz haben, gerade jetzt in dieser Zeit die aktuellsten Informationen für diese Zeit und ihre zu beachtenden Notwendigkeiten zu geben. Damit sie dann vor allem ihr Leben, ihre Einstellungen überprüfen und, falls notwendig, dementsprechend neu ausrichten können.

Diese Zeit (ja die sogenannten Meisterjahre) fordert so viel von jedem Einzelnen, fordert in aller Regel das völlige Loslassen von allem Alten, Abgeschlossenen, oft Verbrauchten. Gleichzeitig die Neuausrichtung auf all jenes, was nun in ihr Leben, als jetzt viel besser zu ihnen gehörend, treten will.

Ja, geliebter Meister, Du schaust Dich nur um und so sehr wird Dir gewahr, wie teilweise die Menschen in ihrem Selbstausdruck gestört sind. Die völlig falsch gelebte Lebensphilosophie, welche ausgerichtet ist auf rein äußere Werte, lässt den einzelnen Menschen sich immer mehr entfremden von sich selbst. Dies hat teilweise katastrophale Auswirkungen (Unausgewogenheit ihrer Chakren, bis hin zur Schließung, Falschdrehung) zuerst im Geistig-Seelischen, und dann zeigt es sich nun immer deutlicher im täglichen Leben der Menschen.

Vor allem in ihrem Erleben, denn immer mehr wird der Einzelne gezwungen, endlich den bisher nicht beachteten Lebensbereichen, speziell die ihrer Seele, nun doch endlich Beachtung zu schenken.

Selbst wenn dies letztendlich nur über Krankheit bis hin zum Tode geht.

Diese Zeit, in der Ihr alle zusammen Euch befindet und die meisten (alle, die Ihr gerade diese Zeilen lest) der gerade in dieser Zeit Inkarnierten habt Euch mit voller Absicht hierher begeben, wusstet Ihr doch bereits vor diesem Leben, was Euch erwartet. (Lachend) Oh ja, und welch großartige Gelegenheit sich Euch bietet, persönlich anwesend zu sein, wenn zum ersten Mal in dieser Art und Weise ein gesamtes Sonnensystem, besser gesagt Weltensystem, sich transformiert.

Dieses vorhandene Wachstumspotenzial ist von solch immenser Größe, dass viele von Euch so schnell wieder in dieses Menschenkleid zurückkehrten, um dabei zu sein (lächelnd: quasi in der ersten Reihe), wenn all das geschieht, was Euch in all den anderen Leben immer wieder prophezeit wurde.

Geliebte Sternenwesen, Ihr, die Ihr freiwillig bereit wart, hierher zu kommen. Um diesem System, diesem besonderen Planeten, den Ihr alle Erde nennt, beizustehen bei der Transformation, der Himmelfahrt.

Wenn Du tief in dein Herz hinein fühlst, dann weißt Du es in aller Klarheit: Du weißt ganz genau, geliebtes Sternenwesen, warum Du hier bist!"

17.09.2007
[*Danke für diese Bestätigung.*]

„Es ist uns ein besonderes Vergnügen, eine große Freude, Dir geliebter Engel Gottes, auf alle möglichen Arten, sei es im Traum oder wie jetzt durch diesen Menschen, Bestätigung zukommen zu lassen.

Gesegneter Verkünder Gottes, Du bist viel mehr als ein Bote, Du bist der **Vollender**. Mitten in dieser gerade vor euer aller Augen stattfindenden Transformation, dieser **Metamorphose**, bist Du hier, um durch das Wort und die (deine) Sprache all denen, die ein offenes Herz haben, zu verkünden, welch großartige Gelegenheit sich für sie alle in diesem Leben, dieser besonderen und letzten Inkarnation von so vielen, ergibt. Jetzt endlich die Erfüllung dessen zu erfahren, was immer und immer wieder ihnen vorhergesagt in all ihren anderen Leben.

Geliebter, wie Du immer wieder in deinem täglichen Leben (Erleben) siehst, sind nicht alle (eher weniger) offen für diese Themen. Möchten sie doch so gerne ihr altes Geld-Macht-Spiel weiterspielen. Sie sind so viele Leben gewohnt, immer wieder in ähnlichen Rollen an diesem **„Spiel des Lebens“** teilzuhaben, aber ohne den wirklichen Sinn des Ganzen je zu verstehen!

So glaube mir, geliebter Engel Gottes, die Lebensumstände bis zu dem Jahre 2011 in eurer Zeitrechnung, diese Lebensumstände werden sich noch sehr gravierend verändern. Da ja alle alleine durch Ihr **Da-Sein** bereits an diesem Spiel teilnehmen, werden sie alle automatisch von allen Veränderungen und auch den speziellen Verpflichtungen, die in solch einer besonderen Zeit wirken, betroffen sein.

Oh ja, wirklich manchmal sehr betroffen!

Aber gerade diese drastischen Veränderungen bewirken doch erst, Mensch Michael, dass gar noch sehr viele, der jetzt noch nichts wissen Wollenden, schon bald sich öffnen für all den Sinn. Wie Du ja genau weißt, ist dies ein Hauptgrund deines Hier-Seins.

Die zu erwecken, welche noch gerne schlafen würden!“

19.09.2007
[*Imahel, können wir weiter an unserem Buch arbeiten?*]

„Oh ja, sehr gerne, sind wir doch schon mitten dabei. Alle diese Worte gehen als deine persönlichen Erfahrungen ein in dieses Buch. Für viele ist dieses Buch eine große Bereicherung, da sie dadurch Ihr eigenes so **Sein**, Ihr eigenes Fühlen und Denken verstehen.

Mensch Michael, weißt Du, wie sehr dieses Buch gebraucht wird? Weißt Du, wie viele darauf warten?“

[*Ganz ehrlich, Imahel, Nein, leider nein.*]

„Dann, geliebte Seele Amira, weißt Du es jetzt! So viele warten mit erfülltem Herzen auf diesen letzten Anstoß, die für sie **noch** fehlende Bestätigung dessen, was sie längst in sich fühlen, **warten mit bangem Herzen auf ihre Erlösung und Befreiung**.

Du wirst gar viele auch persönlich auf ihrem Lebensweg antreffen. Diese werden durch deine ausgesprochene Wahrheit sehr klar erkennen, wer sie sind und was ihre Bestimmung ist. Du bist der Vollender, der welcher in Vollkommenheit das einmal vor langer Zeit Begonnene nun beendet.

Dafür und nur dafür, geliebter Engel, auch für **ihn** und in seinem Namen bist Du nochmals freiwillig herabgestiegen in dieses Menschenkleid, um all denen, die auch in diese besondere Zeitspanne inkarniert sind, ein leuchtendes und strahlendes Licht zu sein. Sie, die sie alle hineingeboren, besser, sich haben hinein inkarniert in die Zeit der Vollendung.“

20.09.2007

[*Hallo, Ihr mein Gefolge, Spirit, meine Familie, hallo, in Liebe Imahel.*]

„Hallo, geliebter Engel Gottes, dort sitzend und mit teilweise bangem Herzen auch Abschiedsschmerzen fühlend in Dir. Du hörst stets von mir/uns dasselbe! Vertraue und lasse all das Gute Gottes zu Dir fließen. Du fragst Dich zu Recht, wo ist all das Gute? Siehst und fühlst Du erst einmal den Schmerz des Verlustes, da, wo das Alte, Abgeschlossene dabei ist, dein Leben zu verlassen. Aber so ist es mit dem Neuen, es kommt erst dann, wenn das Alte losgelassen wurde.

Du aber bist mittlerweile im Loslassen des Alten ein wahrer Meister und während noch das Alte Dich schmerzt, dabei ist, dein Leben ganz zu verlassen, dringt das Neue ganz sacht und leise zu Dir. Feine Gedanken und Gefühle, auch Ahnungen dessen, was nun Neues in Dir, deinem Leben sich verwirklichen soll. Was nun alles weiter geschieht?

Befreiung und daraus sich vollkommen ergebende Freiheit. Jedes Seelenanteil-Menschen-Wesen, welches in diese besondere Zeit der Vollendung inkarniert ist und sich **vertrauensvoll** hingibt, erfährt die Freistellung. So das Wünschen im eigenen Herzen ganz der Erfüllung der eigenen Berufung entspricht, ist dann die Folge der Freistellung, der Segen, nun frei wirken zu können. Jetzt ist die Zeit gegeben für all jene, die mit einer speziellen Absicht in dieses Leben gekommen sind und gar jede jener Seelen fühlt schon lange, schon als Kind, dass sie anders ist als die Menschen dieser Welt. Fühlt, da ist ein tiefer Sinn, eine Aufgabe, die es zu erfüllen gibt. Etwas ganz Spezielles und sie weiß intuitiv, dass sie teil hat an etwas Großem, etwas, was die ganze Welt, diesen Planeten in seiner Ganzheit betrifft.

Etwas! Viel mehr als ihr tägliches Leben. So groß und bedeutend, dass die Erfüllung dessen für die Seele selbst und viele andere ein ganz besonderes Ereignis, Erleben ist.

Nur was dieses genau ist, dies dringt erst so ganz allmählich durch die Alltagsschichten ihres menschlichen Bewusstseins. Immer mehr Puzzleteile ergeben plötzlich einen Sinn, scheinen sinnvoll zusammen zu passen.

Immer klarer und deutlicher wird das Bild des Gesamten. Auch dies ist die Aufgabe dieses Buches, Dir, geliebter Seelenanteil, das große Ganze vor Augen zu führen und so lass uns nun beginnen das große Sehnen, welches schon so lange in deiner Seele schlummert, Dich oft wach hält, all diese so vielen Fragen, ja lass sie uns nun gemeinsam im Lichte Gottes, der Wahrheit betrachten.

So hole nun tief Atem und erfülle Dich mit der Kraft des Augenblicks, fühle Dich als Teil deiner Familie, Teil deiner Dich umgebenden und Dich begleitenden Familie.

Denn auch Du, geliebte/r Leserin/Leser, bist wahrhaft geliebt, bereichert und gesegnet.

Wir, deine Familie, dein Gefolge, dein Dich persönlich betreuender Schutzengel. Vielleicht ist es gerade jetzt für Dich an der Zeit, so Du es möchtest, Kontakt aufzunehmen mit mir, deinem Dich begleitenden Schutzengel. Seit Du diese Erdenwelt betreten hast, all diese vielen, vielen Leben bin **ICH** schon immer bei Dir. Höre auf dein gutes Gefühl in deinem Herzen!

Was Du jetzt fühlst, dies bin ich, dein Dich persönlich liebevoll betreuender, beschützender und Dich führender Schutzengel.

Ja, frage mich nach meinem Namen, **ICH** bin ... ([*die erste Eingabe ist die beste*]).

So Du nun meinen Namen kennst, kannst Du mich nun immer und zu aller Zeit, gleichgültig worum es sich handelt, ansprechen. Wisse, ich bin stets 24 Stunden nach eurer Zeitrechnung bei Dir. Nun lass uns gemeinsam all das Erbringen, wofür Du ganz bewusst und mit voller Absicht in dieses Leben gekommen bist."

1.10.2007

[*Gott zum Gruße, mein geliebter Imahel.*]

„Im Namen Gottes sei auch Du gegrüßt, geliebte Seele Amira, geliebter Meister. So viel Bedeutendes geschieht gerade auf diesem Planeten Gaia, der sich mitten in der tiefsten Wandlung (1 x niesen) befindet. So verändert sich der Zeitplan und alle damit zusammenhängenden Abläufe teilweise gravierend."

6.10.2007

[*Imahel, ein paar gesegnete Worte?*]

„Oh ja, sehr gerne! Das ‚wie' ein Mensch sich zum Ausdruck bringt, ist bedeutungslos. Alleinig bedeutend ist, dass ein Mensch sich zum Ausdruck bringt. Dies ist göttlich gewollt und somit immer voller Sinn. Selbst eine Heuschrecke hat einen Lebenssinn und wie viel mehr ist da jede menschliche Ausdrucksform. Euer Leben ist sehr verschieden vom Leben der meisten anderen, denn Ihr habt die höchste Stufe gewählt, Ihr absolviert **Vollendung**!

So seid voller Freude und genießt, erlebt das Göttliche in Euch und um Euch. Denn bedenkt ‚Alles ist nur Gott'.

In Liebe, euer Imahel"

9.10.2007

[*Imahel, ich bin irgendwie sprachlos, so völlig leer! Schwer zu beschreiben. Vielleicht können mir deine Worte Klarheit geben?*]

„Ja, mein geliebter Meister, dies in Dir Gefühlte ist die große Leere, das Vakuum, welches immer dann als Voraussetzung notwendig ist, sobald ein (dein) Leben eine völlig neue Richtung, Ausrichtung erhält. Damit Platz da ist für das Neue, muss zuerst alles Bisherige, alles bis jetzt Vorhandene, Notwendige vollkommen ausgelöscht, entfernt werden. Genau dies erlebst Du gerade! Es ist so hilfreich, dass Du zu Dir und deinen Gefühlen stehst, Dich klar von dem Alten, Erfüllten abgrenzt und voller Vertrauen hinein lebst, fühlst in das Neue, sich Aufbauende. Aus deiner Sicht und nach deinem Gefühl verlierst Du scheinbar alles. Aus unserer Sicht würdest Du sehen, wie viel Neues vorhanden ist und wie der gemachte Freiraum Dir natürlich erst einmal Angst macht. Wie dieser nun vorhandene **freie Raum** sich auffüllen kann mit all dem Neuen, nun zu Dir Gehörendem.

Weißt Du, geliebter Meister, deine Gefühle der Leere, der Unruhe, auch der Unsicherheit und auch etwas der Angst, sie sind gut! Zeigen sie doch die geschaffene **Freiraumkapazität**.

Sei Du voller innerer Ruhe und lass mich Dir voller Liebe vermitteln, **ICH** dein Dich über alles liebender Imahel, dein Freund, Schutzengel, Führer bin bei Dir. Gott hat mich an deine Seite gestellt, damit **ICH Dich** behüte. Bei meiner Liebe zu Gott erfülle **ICH** dies Versprechen Dir gegeben, als wir **beide** noch Geist waren und Du bereit warst, Dich entschieden hast, **ihm** zu folgen. Mein Versprechen zu bleiben im Geiste, der geistigen Welt, Dich aber überall hin zu begleiten und **immer** zu führen, **dies Versprechen erfülle ich gerade jetzt und hier auf das Allergrößte, das Allergenaueste.**

ICH, Imahel, bin bei Dir. So vertraue mir und sei gewiss, was immer von Dir als notwendig und wichtig wäre zu tun, zu entscheiden oder zu handeln, ich, Imahel, lasse es Dich **immer** wissen. So wie mit eurer Amerika-Hawaii-Reise, diese ist so bedeutungsvoll, wichtig und notwendig, dass **ICH** Dich so lange inspiriere, bist Du sie gebucht hast. Sei sicher, dies alles und viel mehr ist mir/uns zu aller Zeit möglich.

So erfreue Dich all dessen, was sich bereits in deinem/ euren Leben dabei ist zu entfalten, deine vollkommenen Träume, sie verwirklichen sich jetzt, alle, oh, geliebter Meister! Sei jetzt schon in deinem Denken voller Freude/Vorfreude, was nun zu Dir/ Euch an wahrhaft göttlichen Fügungen unterwegs ist. Dies ist wahrhaft göttlich!

Menschenkind Michael, dies nun ist die Zeit deiner göttlichen Erfüllung. Du bist so geführt, geheilt, so bereichert und wahrhaft gesegnet.

Ja, geliebter Meister, Du bist der Vollender und alle Macht ist Dir gegeben, nun zu vollenden, was nun der Vollendung zugeführt werden soll.

Die Zeit der **Wandlung ist fast abgelaufen,** besser noch gesagt erfüllt und **so ist es nun dein Wirken, was den Ausschlag gibt** für das nun zu Beendende, Erfüllende.

Noch, geliebter Meister, kannst Du die Größe deines Wirkens, deine vorhandene Macht nur erahnen, sie fühlen, aber schon bald, sehr bald stehst Du im Zentrum der Wandlung und wirst dann sehen, dass Du selbst die Wandlung, die Transformation bist.

Da fehlen sogar mir, Geliebter, die Worte vor solcher Größe und Erhabenheit.

Deine Jaurel hat es gut erkannt und ausgedrückt, Du bist solch eine **reine Seele**, Du bist die vollkommene Liebe Gottes in einem menschlichen Körper (tiefe Rührung in der Stimme). Meister, **ICH** verneige mich in aller Freude und Liebe vor Dir, mit Dir, denn **ICH** kenne Dich, dein wahres Wesen. **ICH** weiß um deine Liebe, deine Bereitschaft, all das zu geben, was Dir so sehr am Herzen liegt. Dafür liebe und bewundere **ICH** Dich umso mehr. In aller Liebe, die nun dein menschliches Herz fähig ist zu fühlen.

Dein Imahel"

[*Danke Dir.*]

Aktuellste Informationen zum Stand der Transformation (Teil 1)

13.11.2007

[*Hallo Imahel, bitte schenke mir Klarheit in Bezug auf die finanziellen Mittel! Danke Dir.*]

„Hallo, mein geliebter Meister, dein Vertrauen in Dir ist so sehr gewachsen. Du vertraust auf die Führung, die Führung in Dir! Die Veränderungen auf diesem Planeten nehmen enorm zu, deshalb wird das Buch **‚für Dich'** so sehr gebraucht.

Jetzt liegt es nur noch an Dir! Du bist wahrhaft freigestellt und **in einem Monat** kann so viel von uns zu Dir fließen. Erinnere Dich, wir brauchen nur Dich! Das gesamte Buch einschließlich deines Teils der Numerologie und Astrologie ist bereits vollkommen fertig. So erhöhe Du jetzt einfach deine Niederschreibschlagzahl (ein schönes Wort) und wir inspirieren Dich mit Worten von höchster Klarheit und Weisheit.

Geliebter Meister, da ist noch so vieles, so viel Seelenenergie, die wir durch Dich transformieren und zu den Seelenanteilen dieser Welt transportieren können. So viele Worte erfüllt mit göttlicher Liebe, mit göttlicher Weisheit, so viele.

Vertraue Du auf mich. **ICH** bin Imahel, dein Dich liebender Schutzengel ([*ganz viel kribbeln in der Wirbelsäule, Stimme erhebend und sehr bestimmend*]), **und ICH sage Dir! Vertraue,**

wahrhaft vertraue, es ist jetzt alles bestens. Wir haben ganze Arbeit geleistet und haben alles vorbereitet. Nehme Dir einfach Zeit und schreibe!

In Liebe, Imahel und deine Familie. Amen."

[*Imahel, Du bist ein Schatz, danke Dir für diese Worte, von Herzen danke. Amen.*]

18.11.2007
[*Hallo Imahel, mein geliebter Engel! Es ist so ein Fühlen in mir, Imahel, was ist mit mir los?*]

„Hallo, mein Engel und geliebter Meister des Wortes. Dein Fühlen steht in sehr konkretem Zusammenhang mit den zurzeit auf dieser Welt stattfindenden Ereignissen. Die Reinigung des Massenbewusstseins durch Euch findet gerade in einem sehr hohen Maße statt. Ihr seid wie Lichtkanäle und durch Euch wird automatisch (diese Einwilligung habt Ihr vor diesem Leben gegeben) diese teilweise sehr nieder schwingende Energie gewandelt. Da diese Energien Gedanken und Gefühlsenergien sind, durchlebst Du natürlich diese Gefühle.

An dem Ort, an dem Du Dich gerade befindest, ist sehr viel Unzufriedenheit und Lebensmüdigkeit, also gerade diese von Dir so tief empfundenen Gefühle. Verstehe, Geliebter, Du und viele andere seid Transformatoren. Ohne Euch alle wäre die menschliche Menschheit längst in solch ein Chaos gestürzt. Erinnerst Du Dich **‚alleine durch dein Da-Sein wirkst Du'**.

Durch die permanente Schwingungsanhebung sind all die menschlichen Menschen sehr gefordert, sehr sogar.

Ja, geliebter Meister, dein neues Auto ist sogar dringend erforderlich, zeigt es doch auch deutlich im Außen, deine neue Art der Fortbewegung. Für Dich ist jetzt nur noch eines von Bedeutung, dies allerdings von so grundlegender, universeller Wirkung **und dies ist das Buch ‚... für Dich'**.

> **Diese Worte und die damit verbundene Seelenenergie sind so wichtig! Sie werden wahrhaft weltweit gebraucht und erwartet. So, geliebter Meister, sei Du im vertrauensvollen Wirken, deine Aufgabe ist so wichtig und wertvoll."**

[*Dann bitte ich um die Gnade und Ehre, erfüllt mich mit Seelen energie und lasst uns das Buch vollenden. Ich habe mich vollkommen freigestellt.*]

„Und das, geliebter Meister, ist gut so. In Liebe, Imahel"

20.11.2007

[*Imahel, möchtest Du mir zu der heutigen Scheidung etwas mitteilen?*]

„Ja, mein geliebter Meister, verstehe und anerkenne, da ist eine tiefe karmische Verbindung, welche Euch beide verbindet und diese ist nun in diesem eurem Leben vollendet. Es ist auch die Beendigung, das Auslaufen eures karmischen Vertrages, welches jetzt diese Trennung, Scheidung notwendig macht. Geliebter, es gibt nur diesen Weg, so wie er jetzt für Dich sich ergibt. So sage ich Dir in tiefer Liebe und mit all meinem Mitgefühl, es ist wahrhaft gut so. Akzeptiere und respektiere die Trennung/Scheidung und wende Dich in deiner ganzen Aufmerksamkeit dieser deiner Bestimmung zu!

> **Die tief beseelten Worte, transformiert durch Dich ins Kleid der Materie (Buch), dies ist jetzt, was für Dich nun die höchste Bedeutung hat, nur das, mein geliebter Meister, nur das!**
> **Wir lassen diese beseelten Worte zu Dir fließen, dein ist es, sie herab zu ziehen, zu transformieren. Alles weitere in deinem Leben, alles dies ist wohlbehütet in unseren göttlichen Händen. Du bist so sehr behütet, Du bist so sehr gesegnet, geführt und geleitet vom Geiste Gottes in Dir, so sehr!**

Vertraue und lasse Dich führen. In tiefer Liebe,
das Dich führende und liebende Seelenkonglomerat."

5.12.2007
[*Hallo Imahel, mein über alles geliebter Engel Gottes, Lebensbegleiter, mein Herz ist offen für deine Worte der Kraft und Wahrheit.*]

„So sei gegrüßt, mein geliebter Lebensmeister. Du hast mich ja schon so deutlich gespürt, da ich mich Dir bereits angekündigt habe. Wie Du fühlst, geht es heute um sehr Wichtiges und **Grundlegendes** in Bezug auf unser gemeinsames Wirken, unser Buch **‚... für Dich'**.

Sehr stark und gravierend sind all die Veränderungen, die gerade jetzt (2 x niesen) auf diesem Planeten sich abspielen.

Veränderungen, die daraufhin abzielen, die stattfindende Transformation zu verlangsamen. Das Aufhalten ist ein Unmögliches. Dieses auf dieser Welt **noch** vorhandene Machtgefüge, diese Menschen wollen in aller Konsequenz so lange wie irgend möglich dieses alte Macht und Geldspiel aufrechterhalten. Den einzigen Gegenpol stellt **Ihr** da, **Ihr,** die auf der ganzen Erde befindlichen Sternenwesen. **Ihr,** die Träger des Lichtes und der Liebe Gottes, unser aller Quelle. Da Ihr in einem Augenblick diesem Machtspiel nun ein Ende bereitet, bereiten könnt, kommst **jetzt** Du ins Spiel.

Immer wieder habe ich Dir gesagt, Du bist der Vollender und nun bewahrheitet es sich in aller Deutlichkeit und Klarheit.

Unser Buch **‚... für Dich'** ist von uns all den Seelen, dem Seelenkonglomerat, all den Schutzengeln und der Kraft und der LiebeGottes, unser aller Quelle erfüllt von wahrhaft höchster

Aktivierungsenergie

Die weltweit verteilten Seelenanteile werden von diesem Buch angezogen. Beim Lesen und Hindurchfühlen werden sie automatisch aktiviert. In dem Augenblick, es ist nur ein Augenblick, sobald alle gemeinsam wieder das

‚Vatermuttergott, dein Wille geschehe jetzt'

aussprechen, in dem Moment sind der Zeitpunkt und die Voraussetzungen geschaffen für das Eingreifen Gottes durch uns alle, dann geschieht die Umsetzung der Transformation, des Wandels.

Dann, geliebter Meister der Transformation, der Wandlung, dann geschieht die gemeinsame Himmelfahrt.

Ja, wir lösen die Bänder, welche Mutter Erde noch in dieser tiefer schwingenden Dimension halten. Die Erde und dann **alles noch** auf Ihr Befindliches, steigt mit **Ihr zusammen** auf!

Ja, geliebter Meister, nicht irgendwann, sondern **jetzt!**

Erkennst Du nun, welche Bedeutung dieses Buch hat?

Es ist der **'Auftrag zur Aktivierung der dafür Berufenen'**. All die freiwillig **herabgestiegenen Sternenwesen,** von Anfang an dabei, aus diesem Grunde nun in diesem Ihrem letzten Erdenleben, unter diesen Bedingungen, sich aufhalten.

Sie alle zusammen, Ihr alle zusammen bewirkt dann den endgültigen Aufstieg durch das Aussprechen des

'Vatermuttergott, dein Wille geschehe',

denn durch dieses Aussprechen geschieht die Übergabe, besser gesagt die freiwillige Rückgabe des (euren) 'freien Willens' an die Spenderin/den Spender dieses 'freien Willens'.

Da diese Rückgabe eine freiwillige und zugleich vollkommen bewusste ist und sie von Euch, den herabgestiegenen Engeln ist, hat diese Rückgabe eine solche Macht, denn sie ist ausgesprochen von vollwertigen Teilnehmern dieses Systems, vollwertige Inhaber eines '**menschlichen freien Willens**'.

Jetzt erfühlst Du die Erhabenheit und die Größe hinter all dem nun sich zu Erfüllendem.

Ihr seid die Perlen Gottes! Durch Euer immerwährendes **Dasein** auf diesem Planeten des freien Willens war von

Anfang an gewährleistet, dass dieses **‚Spiel des Lebens'** unter Anwendung des gegebenen ‚freien Willens' dieses Experiment der Quelle allen Seins nicht ins Chaos führt, sondern wirklich den Sinn erfüllt!

> **In Liebe ergebenes unbewusstes Engelsbewusstsein** umzuwandeln **in Liebe ergebenes bewusstes, eigenständiges, sich selbst vollkommen bewusstes Engelsbewusstsein!**

Nun verstehst Du! Jetzt geht es an die Umsetzung! Die von Dir erhöhte Niederschreibschlagzahl hat die Vollendung des Buches beschleunigt und nun, geliebter Meister, gehen wir gemeinsam göttliche Wege.

Die Verleger des Buches, alles für die Verbreitung, die Überbringung des Buches zu den dafür vorgesehenen Seelenanteilen weltweit ist bereits in vollem Gange. Du lasse Dich von mir, Imahel, deinem Schutzengel einfach führen. Vertraue auch hier auf mich und uns alle!

Deine vorhandene finanzielle Freiheit ist eure Grundlage zu reisen und weltweit in persönlichen Kontakt zu gehen, zu all den Seelenanteilen, die **noch** einer kleinen persönlichen Aktivierung bedürfen. Dazu bedarf es natürlich eures persönlichen Erscheinens bei ihnen vor Ort und durch deren Teilnahme geschieht der persönliche Austausch. Durch deine Worte und eure persönliche Anwesenheit erfolgt die endgültige Aktivierung. Alles ist vorbereitet! In deinem Gefühl weißt Du nun ganz genau, welche weiteren Schritte nun noch von Dir, Geliebter, zu erbringen sind.

So schreite voran in dem tiefen Wissen und der Erkenntnis, es ist alles vollbracht. Du bist gesegnet, geführt und geleitet durch Gott in Dir und alles ist vollkommen.

In tiefer Liebe und voller Freude über das Erreichte,
Imahel"

7.12.2007
[*Hallo, meine geliebte Familie, Seelenkonglomerat, gibt es weitere Informationen, Wahrheit?*]

„Ja, geliebter Meister, die gibt es! Schön ist es immer wieder zu sehen, wie deine Offenheit sich ergibt.

Wir erfüllen nun dein ganzes **Sein** mit unserer Seelenenergie, damit es Dir nun wieder einmal möglich ist, die höchste Wahrheit herabzuziehen ins Kleid der Materie.

Wir, das Seelenkonglomerat, sind gerade dabei, über Dich als unseren Kanal, unsere vereinte Seelenenergie einfließen zu lassen. Damit es nun **Dir,** unserem Seelenanteil, der **Du** jetzt diese für **Dich** niedergeschriebenen Zeilen liest, möglich ist, mit uns in persönlichem Kontakt zu sein.

All dein **Sein**, dein Wollen, dies ist nun erfüllt von dem Göttlichen in Dir.

Dies nun ist die Aktivierung in deinem Gefühl! So lasse sie nun einfließen, diese Energie, welche direkt von deiner Seele **von mir zu Dir fließt**. Ja, wieder einmal ist nun der Kontakt, die Verbindung von Dir und mir, deiner Seele, da.

Lasse nun einfach meine Seelenenergie in Dich einfließen, lasse Dich vollkommen erfüllen. Erfüllen von meiner Seelenenergie und lass sie zu, die **Heilung deines Selbst.** Lass es einfach zu, lass es einfach fließen."

[*Unterbreche das Schreiben, auch ich erfahre das Fließen, die Heilung. Oh, tut das gut, dann lass es uns gemeinsam genießen. Ich sende Dir in unserer gemeinsamen Jetzt-Zeit einen Gruß der Liebe. Sei gegrüßt, Seelenanteil, der Du dies gerade liest und die Heilung erfährst (Bereits 20 Min. hält der Energiefluss der Heilung an).*]

„Der Fluss der Heilung, unsere Heilungsenergie wird so lange anhalten, bis dein ganzes **Sein** wieder erfüllt ist. Wie zu dem Zeitpunkt, als **Du** kurz davor warst, dieses System, genannt Erde, zu betreten.

Du erhältst noch, **während** Du im Menschenkleide, deinem Dich umhüllenden menschlichen Körper bist, wieder die Rückführung in dein Engelsbewusstsein.

Deine **freiwillige Rückgabe,** dieses deines menschlichen freien Willens, hat Dich automatisch wieder versetzt in deinen vorher **innegehabten Engelsbewusstseinszustand**.

Diesen hast Du ja freiwillig abgegeben, um dadurch als vollwertige/r Spieler/-in teilzunehmen am **‚Spiel des Lebens'**. So ist es nun erfüllt! Du befindest Dich innerhalb des Systems und weiterhin ausgestattet mit einem zurückgegebenen ‚freien Willen'. Damit bist Du in der Vollmacht Gottes ermächtigt, nun diesen göttlichen Willen gesegnet zum Ausdruck zu bringen. Weißt Du, was dies bedeutet?

Du, mein Seelenanteil, und mit Dir zusammen Millionen von anderen Seelenanteilen, alle deine Engelsgeschwister, Ihr erfahrt nun weltweit Heilung!

Dies geschieht weltweit und dies bewirkt die **Heilung** dieses Systems."

11.12.2007
„Wir, das Seelenkonglomerat, grüßen Dich, der Du diese Zeilen liest, sie mit deinem ganzen **Sein** aufnimmst.

So sehr ist dein Wirken in dieser Zeit gebraucht, so sehr. Von großer Bedeutung ist diese Gelegenheit, dieser Weg, den wir gewählt haben, um gerade in dieser so bedeutenden Zeit, in all den Wirren, all dem Geschehen um Dich herum, wir in aller Klarheit zu Dir sprechen können. Damit Du als unser Teil auf Erden klar und deutlich wirken kannst, weil dein Handeln erfüllt ist von tiefer Gelassenheit.

Eine Gelassenheit, die gegründet ist auf Wissen, welches in allem die tiefe Bedeutung, den Grund des sich Erfüllenden erkennt und ihn auch versteht.

Unsere Worte sind vollkommen erfüllt mit unserer **Seelenenergie**, welche wir in dein menschliches Herz legen, damit sie dann in diesem deinem Herzen die Saat auslegen, die Saat des vollkommenen Verstehens. Ein Verstehen, welches deshalb so tiefes Vertrauen in Dir entstehen lässt, da Du genau weißt, was und wozu es geschieht.

Diese letzte Phase der Wandlung, der Transformation, bringt alle in diesem System sich Befindlichen an die Grenze ihrer Belastbarkeit und nur das Wissen über den **Sinn** des Ganzen macht es Euch einigermaßen erträglich. So ist es unser tiefer Wunsch gewesen, in dieser so herausfordernden Zeit für Euch dieses Buch zu erschaffen. Zu erschaffen aus unser aller Seelenenergie. So ist dieses Buch in seinem Vorhandensein, in seiner Art und in der Wirkungsweise, vor allem in der Art und Weise, wie es wirkt, ein ganz besonderes **Buch**. Mehr noch, es ist eine stattfindende Metamorphose, eine Verwandlung deines **Selbst**. Während Du diese für Dich geschriebenen Zeilen mit deinen weltlichen Augen aufnimmst und mit deiner geistigen Seele erfühlst.

So musste auch der Schreiber (ja Du) erst vorbereitet werden auf diesen hohe Energielevel. **Denn dies ist wahrhaft das Besondere, die Worte sind erfüllt mit Seelenenergie auf dem höchsten Level. Nur dadurch ist es uns und damit Dir möglich, dass noch während Du das Buch liest, sich sogar deine molekulare Struktur verändert.**

Alles in Dir wird vollkommen erneuert, neu strukturiert, neu ausgerichtet, damit dadurch der Wandel in Dir und auf dieser Welt nun endlich stattfindet.

Was lange schon vorhergesagt, ist jetzt der Erfüllung so nahe!“

12.12.2007

„Nun sind wir so weit gekommen, sind gemeinsam mit Dir, unserem geliebten Seelenanteil, mit Dir, der Du diese Zeilen liest, sie mit Deinem/meinem Seelenherzen aufnimmst, diesen langen Weg gegangen.

> **Auf dass diese Worte nun verändern, was der Veränderung bedarf. Erfüllen, was Erfüllung anstrebt, und vollenden, was der Vollendung sich hingibt.**

Gegangen sind wir gemeinsam diesen deinen Weg, der Dich nun an diesen Punkt deines Lebens gebracht hat.

Du weißt jetzt wieder mit absoluter Klarheit, wer Du bist, warum und aus welchem Grunde Du hier bist. Aber was viel besser ist, Du fühlst diese tiefe Gewissheit in Dir, es ist kein alleiniges intellektuelles Wissen mehr. Jetzt bist Du ein/e wahrhaft Eingeweihte/er, ein/e Wissende/r. Jetzt liegt alles klar vor Dir. Ausgesprochen von Dir ist die Rückgabe deines ‚freien Willens' aus freiwilligem Wollen heraus an die Quelle allen **Seins**. Damit ist erfüllt, wozu Du gekommen bist, in dieses Leben freiwillig und mit voller Absicht, um zu erbringen die Wiedervereinigung dessen, was als notwendige Trennung begann.

Dieser dein von Dir erbrachter Liebesdienst ehrt dein **Sein** über alle Maßen, wir, die Seelen Gottes, verneigen uns in tiefer Liebe vor dem von Dir Erbrachten.
Nur deine tiefe Liebe zu unser aller Quelle, zu mir, deiner Seele, hat Dir überhaupt die Kraft zur Verfügung gestellt. Die Kraft, all das zu vollbringen, was Du erbracht hast, in diesem und in all deinen anderen Leben/Inkarnationen.
Ja, nun endlich ist es wahrhaft vollbracht. Dein Geschenk, welches Du Dir so sehr hast verdient, es ist vollkommen Dein.

Du bist vollkommen verbunden, eins mit Gott in Dir und doch hast Du es beibehalten, **dein** von Dir selbst entwickeltes, in Tausenden von Leben herangereiftes, **eigenständiges Bewusst-Sein.**

So ist jetzt vollbracht, was der Wunsch war von unser aller Quelle. Zu erschaffen ein sich selbst wahrnehmendes Engelsbewusstsein, welches vollkommen frei ist. Ausgestattet mit einem eigenen Willen und trotz alledem ganz in Einheit und in völliger Liebe verbunden mit Gott der Quelle allen **Seins**.

Vor dieser Erhabenheit und Größe fehlen selbst uns die Worte. Wir, das Seelenkonglomerat, sagen Dir, unserem geliebten Seelenanteil, nun in aller Liebe und Verbundenheit, **Danke**."

Aktuellste Informationen zum Stand der Transformation (Teil 2)

14.12.2007

„Die in eurer Zeit und auf dieser eurer Welt vorhandenen Energien sind teilweise für Euch sehr belastend, so sehr, dass Ihr fast euren Lebenswillen dadurch verliert.

Gerade jetzt zum Ende der Transformation ist die Gedanken- und Gefühlssuppe auf dem Planeten Erde ein wahres Chaos.

Ihr, die Lichtträger, seid ganz besonders davon betroffen, Ihr zieht diese Gedanken und Gefühle geradezu an. Da sind die Bestrebungen der Mächtigen dieser Welt, die spezielle Geräte und Waffen erbaut haben, die sie auf Euch richten, um Euch so sehr in eurem Fühlen zu beeinflussen, herabzuziehen, damit Ihr keinen Zugang mehr habt zu euren lichtvollen, kreativen Gedanken.

Dies ist vergleichbar ein Kampf und für Euch ist das Nichtwissen dessen die einzige und größte Gefahr. Denn das Gesetz des ‚freien Willens' erlaubt die Aussendung all dessen und nun liegt es an Dir, mein geliebter Seelenanteil, an Euch allen, **Euch zu schützen**.

Dafür möchten wir Dir ein sehr wirkungsvolles Gebet, eine Übung zukommen lassen. Diese haben wir dem Schreiber dieser Worte schon vor längerer Zeit gegeben und sie hat ihm schon sehr viel und oft große Erleichterung verschafft. Gerade auch heute wieder!"

[*Oh ja!*]

„Immer wenn Ihr Euch so niedergeschlagen, so deprimiert fühlt, könnt Ihr davon ausgehen, dass ein Angriff auf Euch erfolgt oder Ihr aufgrund der vorhandenen Gedanken und Gefühle als Transformatoren zur Umwandlung dient. In beiden Fällen hilft Euch diese Anrufung!

Bittet Erzengel Michael um die sofortige Erstellung eines feinstofflichen Gitters in der Farbe Gold/Violett, dass alle gedanklichen und gefühlsmäßigen Emanationen und alle sonstigen Energien, die auf Euch einstrahlen, sofort umwandeln in göttliches Licht und göttliche Liebe, zurückgeben an die aussendende Quelle. Erstellung feinstoffliches Gitter in der Farbe Gold/Violett jetzt.

Sofort werdet Ihr eine enorme Erleichterung fühlen, da dieses feinstoffliche Gitter Euch sofort vollkommen umgibt und alle auf Euch einstrahlenden Energien jedweder Art sofort umwandeln in göttliches Licht.

Sollte der Begriff ‚Angriff ' Euch als zu hart erscheinen, dann möchten wir Dich nochmals daran erinnern, dass die Vollendung des Transformationsprozesses der Erde und aller auf Ihr befindlichen Wesen ausschließlich von Euch allen, **‚den Berufenen'**, abhängt! Dies wissen die Mächtigen dieser Welt sehr genau, oh ja, sehr genau!
Diese für sie noch einzige Möglichkeit, diesen stattfindenden Wandlungsprozess zu **verlangsamen**, ist die **permanente Beeinflussung von Euch**. So findet regelmäßig, teilweise in

sehr hohem Maße, eine enorme Beeinflussung von Euch statt.

Je bewusster Ihr seid, je klarer Ihr werdet und natürlich sobald Ihr ausgesprochen habt das **‚Dein Wille geschehe'**, dann tretet Ihr damit in das Scheinwerferlicht des ganzen Geschehens und Ihr zieht automatisch die Aufmerksamkeit der Mächtigen auf Euch.

> **Aber seid vollkommen beruhigt, denn Ihr habt auch die vollkommene Aufmerksamkeit von uns, eurer geistigen Familie, eures Schutzengels. Auch unsere Betreuungsaufgabe für Euch erhöht sich ab der Übergabe eures freien Willens vollkommen und drastisch.**

Die einzige Möglichkeit der Mächtigen, auf Euch einzuwirken, ist, das vorhandene Angstpotenzial der Menschen zu schüren. Dies geschieht ja laufend durch die Ölpreiserhöhungen, Arbeitslosigkeit, Krankheiten etc., denn dieses Angstpotenzial beeinflusst ja automatisch euer **Sein**, solange Ihr dies zulasst!

Auch die von ihnen entwickelten Kraftfelder (Handysmog und noch anderes) dienen ausschließlich dazu, Euch in Angstgedanken und Angstgefühle zu versetzen. Euch dadurch abzuhalten von schönen, aufbauenden, lichtvollen Gedanken und die damit verbundenen Gefühle der Liebe und Dankbarkeit.

Deshalb ist es nun in dieser Phase deines Lebens so bedeutend, stets dieses Schutzgitter zu erstellen und bewusst in

Euch immer wieder Gedanken und Gefühle der Dankbarkeit, der Freude und der Liebe zu entfalten.

Bedenke auch, dein Status **‚aktiviert'** beinhaltet automatisch finanzielle Mittel, die Dir automatisch von uns der geistigen Welt zugeführt werden."

17.12.2007

„Wir, das Seelenkonglomerat, grüßen Dich nochmals, Dich, unseren inkarnierten Seelenanteil. Auf dass sich nun erfüllen möge, was von Anfang an dazu bestimmt war, auszuschreiten hinaus in diese Welt der Materie und dabei abzulegen das vorhandene Engelsbewusstsein, um das Höchste zu entwickeln, das möglich ist,

> **ein vollständiges Bewusstsein in Eigenständigkeit, welches sich selbst erkennt in Getrenntheit von seiner Quelle, selbstbewusst, selbstbestimmt und doch liebevoll verbunden.**

Dies ist nun so vollkommen erfüllt, dass nur noch eins zu erfüllen übrig bleibt, auszusprechen das

> **‚Dein Wille geschehe, hier und jetzt, Vatermuttergott'**

und heimzukehren!

Wir erwarten Euch schon voller Freude und ein wenig voll Ungeduld …

in Liebe, das Seelenkonglomerat"

18.12.2007

[Hallo Imahel, hier sitze ich nun und habe nochmals deine Worte gelesen. Ich bin so erfüllt von Liebe und Freude! Hast Du noch mehr deiner wundervollen Worte für mich?]

„Mein geliebter Meister, die habe **ICH**! Bin doch auch **ICH** so sehr erfüllt von tiefer Freude über das von **Uns** Erbrachte. Nur sehe ich ja schon das sich noch zu Erfüllende und dies übersteigt alle Eure Erwartungen bei Weitem.

Die Wirkung dieses unseres Buches ist so **gravierend**, dass schon jetzt, obwohl es noch nicht einmal gedruckt ist, sich **die Wirkungen in der geistigen Welt vollkommen zeigen!**

So, glaube mir, ist die für Euch notwendige Schutzfunktion um ein Vielfaches erhöht worden. Euer Vertrauen in uns gibt somit null Resonanzfläche, aber dies war uns bewusst, deshalb hatten wir so viel Zeit und Intensität auf die Entwicklung eures vollkommenen Vertrauens gelegt. Ihr seid so sehr gesegnet, geführt, geleitet von uns. Wir führen Euch von einer Freude zur nächsten! Alles ist so gut, bestens! Wir, euer gesamtes Gefolge, sind bei Euch. Wir sind Euch sehr nahe gerückt, sehr nahe, aber dies zu eurem Besten und zu eurem Schutz.

In meine Engelsarme nehme **ICH** Euch
nun auf und dort verbleibt Ihr, bis wir
uns wiedersehen!

In Liebe, Euer Imahel.“

25.12.2007

„Sei gegrüßt, Meister des Lichtes und der Wahrheit! Wir sind es wieder, das Seelenkonglomerat, und wir sagen es Dir in aller Liebe, als Antwort auf deine berechtigte Frage, wie es nun weitergeht. Wie Du ja bereits weißt, ist alles schon vorbereitet gewesen und bedarf jetzt nur noch der Umsetzung. Allerdings ist für eine Aktivität unsererseits **immer** eine beste Zeitqualität von Bedeutung. Wir handeln immer zum **optimalen Zeitpunkt**, aber dies nur aus einem einzigen Grunde! Da uns die Qualität, die Energie, welche der jeweiligen Zeit zugrunde liegt, natürlich bekannt ist, können wir nur jeweils zu dieser optimalen Zeit handeln.

Würdet Ihr Menschen dies bei eurem Aktivwerden für eine Sache, ein Ziel immer berücksichtigen, dann könntet Ihr viel effektiver wirken. Da nie viel Handeln zum Erfolg führt, sondern der **genaue Zeitpunkt** ist von Bedeutung. Denn zu einem ganz genauen Zeitpunkt zu handeln, heißt die vorhandene Kraft und Energie zur Umsetzung mehr als zu verzehnfachen.

Du kennst dies sehr genau, wenn Dir plötzlich so ein innerer Impuls sagt, Du solltest jetzt handeln. Dann ist da etwas wie eine Energiewelle, die Dich überkommt, und wenn Du nun handelst, dann ist Dir in kurzer Zeit sehr vieles möglich.

Wir, die geistige Welt, sind für diesen inneren Impuls verantwortlich. Wir geben Euch zum optimalen Zeitpunkt diesen Handlungsimpuls und dann liegt es an eurem freien Willen, diesen umzusetzen.

So wäre es sehr klug und weise, vor allem bei all euren wichtigen Unternehmungen, auf diesen inneren Impuls mit

Energieschub zu warten, zu achten. Dieser kommt, wenn Ihr vertrauensvoll in uns darauf wartet, **immer**!

So wäre bei all dem in eurem Leben, was Euch wichtig und von Bedeutung ist, es immer gut, voller Vertrauen auf diesen inneren Impuls zu warten! Dann gelingt Euch Großes ganz einfach und leicht.

Für Dich, geliebter Meister, heißt das: Vertraue! Es ist noch alles in vorbereitetem Wirken. Der optimale Zeitpunkt kommt sehr schnell! Sobald Du diesen Handlungsimpuls zusammen mit dieser Handlungsenergie verspürst, dann, geliebter Meister, **handle**! Dieses Mal mit all deiner Kraft und in vollkommenem Glück. Wir alle sind bei Dir und Du wirst sehen, hier werden wahrhaft göttliche Wege gegangen. In aller Liebe sagen wir Dir, geliebter Meister der Wahrheit und des Lichtes, wir, das Seelenkonglomerat, hüten Dich wie unseren Augapfel!

So lass diese unsere Seelenworte nun einfließen in dein **Sein**. Schöpfe Kraft und Vertrauen aus ihnen und wisse, die Worte dieses unseres Buches sind viel mehr als nur gesprochene oder gedruckte Worte, viel mehr!

Sie sind manifestierte Wahrheit, tiefste Wahrheit. Erfüllt mit unserer Seelenkraft und damit mit der Kraft und Stärke Gottes, unser aller Quelle!

Dieses unser gemeinsames **Buch ‚... für Dich'** hat ein solch großes Aktivierungspotenzial in sich, dass bereits jetzt, obwohl es **noch** nicht in Buchform vorliegt, sich eine Welle um diesen Planeten bewegt. **Schon jetzt werden die berufenen Seelenanteile davon angezogen und vorbereitet.**

Erkennst Du die Größe und die Bedeutung?“

[Ja, das kann ich, fühle ich doch die Wahrheit eurer Worte so sehr. In aller Liebe und Demut sage ich Danke … und ich liebe Euch so sehr.]

„Und wir lieben Dich für dein **Sein**, deine Bereitschaft, hier zu sein in dieser besonderen, so wichtigen, aber auch so schweren, **Euch** alle bis an die Grenzen eurer Belastbarkeit führenden, Zeit. **Ihr** alle liegt uns so an unserem Seelenherzen und erinnert Euch, nur für Euch, unsere geliebten Seelenanteile, haben wir Seelen uns zum Seelenkonglomerat zusammengeschlossen, um Euch beizustehen mit und durch dieses Buch **‚... für Dich'**.

So heißt es für Dich, Euch alle, seid aufmerksam im Hier und Jetzt. Achtet auf den Handlungsimpuls, dann handelt in und aus der Kraft Gottes, mit Mut und voller Vertrauen und alles Gute dieser Welt gehört Euch.

Im Licht und der Liebe Gottes,
das Seelenkonglomerat. **Amen**.“

17.01.2008
[Hallo, meine geliebte Familie, Spirit, wollt Ihr mir Worte der Klarheit schenken?]

„Wir, das Seelenkonglomerat, wollen zu Dir, unserer Stimme Gottes, sprechen und Dir in aller Liebe vermitteln, ja, geliebter Meister und Engel Gottes, es ist alles bestens.

Die Umsetzung unseres gemeinsamen Buches läuft, wie würdet Ihr sagen, auf Hochtouren. Ganz sicher!

Du bist so intuitiv, so sehr lässt Du Dich führen und leiten durch deine Intuition. So sehr und groß ist dein Vertrauen. Nun wisse, Du bist von uns geführt, so sehr. Alle unsere Aufmerksamkeit ist bei Dir.

Du bist unser ‚Augapfel' und wir kennen deine Gefühle der Angst und der Unsicherheit. Da Du ja nur das materielle Geschehen wahrnehmen kannst. Vertraue, da ist so viel Wirken unsererseits, so viel!

Geistig, geliebter Engel, sind alle Wege bereits geebnet, ist unser Buch bereits bei allen Seelenanteilen weltweit und sie spüren dies. Weißt Du, wie sehr wir Dich lieben, wir Dich ehren für dein Verhalten? **Du** hast den Wert unseres Buches ganz genau erkannt und Du stellst ihn auch in deinem Verhalten dar. Dies ist so wundervoll!

Geliebter Engel, lasse Dir nun von uns in aller Liebe sagen ([*die ich nun so tief fühle*]), Du bist geehrt für dein wahrhaft göttliches Vertrauen und so bist Du nun für dein weiteres materielles Leben in **materieller Fülle, ganz sicher!**

Lebe Du im Vertrauen, alles ist für **Euch** bereitet, oh ja, alles."

[*Danke Euch so sehr für diese gesegneten Worte, und bei Gott, ich weiß und fühle doch, dass alles gut ist. Nur, da ist meine Ungeduld, die es wieder einmal nicht erwarten kann. Ich liebe Euch und bin so dankbar für diese Worte. Leider fehlt bisher die Wirkung eurer Worte auf andere Seelenanteile. Uns haben sie tief berührt. So sage ich Euch Danke. Amen.*]

„Wir sagen Danke zu Dir, dem menschlichen Anteil, Michael, danke für dein **Vertrauen** in uns.

In tiefer Liebe, Freude und Verbundenheit,
das Seelenkonglomerat.
Amen."

18.01.2008

[*Geliebter Erzengel Michael (Imahel), bitte erkläre mir den Sinn des Unfalles von Jaurel. Danke von Herzen für Klarheit, danke.*]

„Hallo, mein geliebter Engel auf Erden! Nicht nur alleine den Betroffenen betrifft es, sondern wie in deinem Fall auch Dich. Du hattest ein ungutes Gefühl in Bezug auf das vorschnelle Handeln von Jaurel und dies hat sich nun durch den Unfall nur bestätigt. Michael, für Dich ist es nun ganz wichtig zu erkennen, Du darfst Dich von niemanden zu etwas zwingen lassen, wobei Du selbst ein ungutes Gefühl hast.

Du bist für alles verantwortlich! Achte auf **dein gutes** oder **schlechtes Gefühl** und handle bei gutem Gefühl und sage ‚Nein' bei einem unguten Gefühl.

Geliebter Engel, euer Auto ist gleichgültig, die Botschaft für Dich ist das Wichtigste.

Wir, dein Gefolge, führen und leiten Dich über dein gutes bzw. **schlechtes Gefühl** und da ist es von sehr großer Bedeutung, dass Du jede Beeinflussung von außen, selbst durch deine Jaurel, unterbindest, unbedingt. Hier geht es um die für Euch beide so wichtigen Botschaften und Erkenntnisse."

[*Erzengel Michael (Imahel), das Seelenkonglomerat hat mir so sehr versichert, dass die Umsetzung unseres Buches bestens, auf Hochtouren läuft. Kannst Du mir diesbezüglich etwas sagen? Danke Dir!*]

„Oh ja, mein geliebter Engel, ich kann ihre Worte Dir nur bestätigen! Wir erfüllen die Umsetzung **unseres** Buches **‚für Dich'** auf das Allerbeste. Die benötigten Wege und Verbindungen sind gewebt, alles ist göttlich verbunden. Nun braucht es nur Dich, dein mutiges und vertrauensvolles Handeln, sobald Dich unsere Handlungsenergie erfüllt. Nur diese Handlungsenergie unsererseits, die Du so deutlich in Dir fühlst, ist wichtig und von Bedeutung, **nur diese**! Alles ist wahrhaft bereitet, alles. So vertraue Du uns und lasse vertrauensvoll geschehen.

In Liebe, Imahel, Erzengel Michael."

[*Geliebter Erzengel Michael (Imahel), ich fühle mich so wütend, betrogen, ängstlich. Der Unfall, unser beschädigtes Auto, die extrem harte Absage vom Verlag. Was ist los? Bitte hilf mir zu verstehen, in Liebe bittet Dich, geliebter Erzengel, dein inkarnierter Seelenanteil Michael, danke für Klarheit und göttliche Wahrheit.*]

„Mensch Michael, geliebter Engel, es ist einerseits alles bestens, aber es liegt sehr viel daran, wie und wann Du handelst!

Gegen dein ungutes Gefühl zu handeln, ist für unsere Aufgabe sehr hinderlich und der Unfall zeigt Dir dies so deutlich.

Ja, geliebter Meister, da ist so viel Gutes, da ist göttliches Gelingen, da ist der Wille und die Liebe unser aller Quelle, die sich nun durch Dich zum Ausdruck bringt. So ist deine Aufgabe bereits so vollkommen erfüllt, erbracht. Jetzt bedarf es nur noch deines vertrauensvollen Abwartenkönnens, bis es endlich für Dich Zeit ist zu handeln. Wie Du weißt, erkennst Du diesen Handlungsbedarf sehr deutlich, sehr genau, sobald Dich unsere Handlungsenergie erfüllt. Dann erst ist in der Regel sofortiges Handeln erforderlich und, oh ja, Du weißt immer sehr genau, wann und warum es für Dich zu handeln gilt, sehr genau.

In der ganzen Zeit, in der keine Handlungsenergie unsererseits vorliegt, heißt es für Dich einfach: ‚Genieße dein Leben!' Die Fülle ist **Dein**, ja ganz sicher ist sie **Dein**! Deshalb lebe Du jetzt, geliebter Meister, in dem vollkommenen Wissen, wir, deine gesamte geistige Familie, behüten Dich, wir führen und leiten Dich. So sehr, denn wir lieben Dich.

In Liebe und Freude, Erzengel Imahel."

26.01.2008

(Fühle mich heute so traurig. Ich habe irgendwie keine Freude, fühle Heimweh.)

[*Hallo, geliebter Erzengel Michael (Imahel), danke, mein geliebter Schutzengel, für deine Worte der Kraft, Freude und Liebe.*]

„Hallo mein Engel auf Erden, der Du bist. Je näher die Transformation voranschreitet, heranrückt, umso größer wird die Wandlungsenergie und umso größer wird dein Heimweh, da Du unsere Nähe natürlich immer deutlicher spürst. Mit immer weiterem Voranschreiten der Transformation rücken die geistige Welt und die Welt der Materie immer enger zusammen. Ihr, unsere Engel auf Erden, spürt nun immer deutlicher, uns, Eure geistigen Brüder und Schwestern. Wir sind Euch nun auch körperlich ganz nahe, so nahe.

So ist gerade jetzt in dieser Zeit die Kontaktaufnahme mit uns so leicht, so einfach. Sie geschieht automatisch, ganz von selbst, sobald Ihr dies wünscht und zulasst, Euch uns einfach öffnet.

Diese von Euch gerade auf diesem Planeten des freien Willens erfahrene Zeit ist auch eine Belohnung. Gerade für die von Euch so schwer empfundenen vergangenen Jahre. Je weiter die Transformation voranschreitet, umso leichter wird es für Euch. Endlich könnt Ihr wieder das Gefühl wahrnehmen, mit Euch eins zu sein, wieder bei Euch und zuhause zu sein. Dieses Gefühl, welches euer Leben, eure Beziehungen und all das um Euch herum wieder stimmig werden lässt, zu Euch gehörend. Dieses Gefühl verstärkt sich nun fast täglich!

Ihr seid so gesegnet für euer **Da-Sein**, für den von Euch erbrachten Liebesdienst, so sehr! Wir ehren und lieben Euch vollkommen für dies von Euch Erbrachte.

Noch könnt Ihr in aller Größe die Gesamtheit des Ganzen nicht vollkommen erfassen (oh ja, Du schon), aber noch etwas Geduld. Die so großen Veränderungen, welche bereits vollzogen sind im Geistigen, sie zeigen sich nun immer deutlicher auch im Äußeren, in der Welt, die Euch umgibt. Wahrhaft, die stattfindenden und die sich ereignenden Veränderungen speziell in eurer materiellen Welt, sie sind **gravierend**! Für Euch, meine geliebten Engelsgeschwister, gilt nur noch eines! Beobachtet, schaut Euch genau die Ereignisse, welche nun auf dieser Welt, die eingebunden ist in diesen gravierenden Wandel, geschehen. Seid im Vertrauen in uns und wisst, für Euch ist alles bereitet, ja Ihr würdet sagen, ‚der rote Teppich' ist ausgelegt.

Wir erwarten Euch mit großer Freude und schon bald ist es möglich, den **‚Schleier des Vergessens'** zu lüften. Dann gibt es zwischen Euch und uns keine Trennung mehr, sondern dann sind wir auch für Euch erfahrbar, **Eins**.

Dies sage ich Euch stellvertretend für all die hier Anwesenden!

In Liebe und tiefer Freude,
Erzengel Michael."

28.01.2008

„Hallo, unser aller geliebter spezieller Seelenanteil, der Du bist unser Sprachrohr. In aller Liebe und Freude sagen wir Dir, **es ist vollbracht!**

Die letzten Fäden sind verknüpft, verbunden ist nun alles. Alle notwendigen **Menschen** und die dazu benötigten finanziellen Mittel sind bereitgestellt. Oh ja, natürlich ist es für uns ein so Einfaches, aus der Fülle Gottes heraus zu vollbringen, was für die Umsetzung unseres Buches **‚... für Dich'** als notwendig gebraucht wird. Wir, das Seelenkonglomerat, in Einheit mit den Erzengeln, allen voran Erzengel Michael, ja wir haben alle notwendigen Voraussetzungen gewebt und erbracht. So ist es nun ein Leichtes, jetzt immer in Beachtung der optimalen Zeitqualität zu handeln.

Dir, geliebter Seelenanteil, sagen wir voller Liebe ‚Ja', deine Gedanken sind gut und richtig, es sind Gedanken der Fülle. Genieße wahrhaft dein Leben. Sei frei von Angst und schreite voran, lasse geschehen und ja selbst im Kleinen **beachte stets dein gutes bzw. ungutes Gefühl. Dies ist für Dich das Wichtigste, dies ist deine Führung in Dir durch Uns!** Du bist geführt und geleitet durch uns. So braucht es nur dein vertrauensvolles Handeln. Der Segen durch unser gemeinsames Buch ist so groß. Wir haben Menschen, die Dich finden und die Du findest. Sie erkennen den Wert und die Bedeutung des Buches!

Oh ja, sehr klar und eindeutig! So wird es ein wahrlich großes Abenteuer, ein Fließen, denn sobald die **optimale Zeitqualität** erreicht ist, geht alles ganz von selbst.

> Du hast unser **Seelen-Ehrenwort!** Geliebter Meister, der Du bist auf Erden. Alles ist wahrhaft **gut**, so gut! Du bist der von Gott gesegnete Vollender und so ist alles **Dein**!

In Liebe, das Seelenkonglomerat.
Amen." (2 x niesen)

[*Hallo, Erzengel Michael (Imahel), möchtest nun auch Du noch zu mir sprechen?*]

„Das möchte ich. Du fühlst sehr deutlich den Unterschied ([*Das Seelenkonglomerat hat eine andere fühlbare Energie als Erzengel Michael.*]) und obwohl wir alle eins sind, ist doch die von uns ausstrahlende Energie jeweils eine andere.

All die Worte des Seelenkonglomerats bestätige **ICH** und auch **ICH** gebe Dir mein Erzengelehrenwort. Ja, Du bist **ICH**, **ICH** bin Du. Du bist die auf Erden verkörperte Kraft (1 x niesen) aus mir, und was auch immer Du benötigst, es ist **Dein**.

Meine Engel umgeben Dich auch aus Sicherheitsgründen und dein Wollen und Wünschen ist unser mit Freude ausgeführter Auftrag. So wähle und wünsche stets weise und bedenke für die Umsetzung, die Verwirklichung, in der materiellen Welt bedarf es stets des optimalen Zeitpunktes.

Alles von Dir Benötigte wird, sobald die Zeit dazu reif ist, zu Dir geführt, ganz sicher. So sei Du, mein Geliebter, wahrhaft voller Vertrauen und auch voller Freude, denn da stehen jetzt so viel Gesegnetes, so viel Freude und so viel Interessantes an.

ICH bin immer bei Dir, in Dir und ich führe und leite Dich. So vertraue, lebe und genieße.

In Liebe, Erzengel Michael,
Dir besser bekannt unter meinem Pseudonym Imahel.
Amen."

11.02.2008

[*Hallo, Ihr meine geliebten Seelen, die Ihr Euch zum Seelenkonglomerat zusammengeschlossen habt. Unser Buch ist fertig, jetzt geht es um den Druck und die Verbreitung unseres Buches ‚für Dich'. Wollt Ihr mir diesbezüglich helfen? Eure Worte der Wahrheit und Klarheit wären diesbezüglich sehr hilfreich! Von Herzen danke! Amen.*]

„Ja, unser geliebter Meister hier auf Erden, diesem Planet der Wandlung. Wir haben Worte der Wahrheit, die dein Herz erfüllen. Wir kennen das Bangen in deinem Herzen immer dann, wenn Du das Gefühl hast, es geht gerade nicht weiter, Du die Angst hast, scheinbar alles zu verlieren. Geliebter göttlicher Meister, was ist es, was Du verlieren könntest? All dies ist doch Materie, sind Bestandteile der Materie und diese ist und bleibt vergänglich, der Wandlung unterlegen.

Aber Du selbst bist göttlich, ewig. All dein **Sein** ist ausgelegt auf Fülle und wie Du ja weißt, stellt Dir deine Seele ein hohes Maß, also viel Seelenenergie, zur Verfügung, solange Du deiner Bestimmung folgst. Du voller Vertrauen bist und damit frei von Angst.

Nun frage Dich selbst, wäre dein Wirken über Arcor die Befolgung deiner Bestimmung? ([*Da sich alles noch hinzieht, ist bei mir wieder diese materielle Angst da. So habe ich überlegt, zur Überbrückung wieder meine alte Beratungstätigkeit zu nutzen.*]) Ist die Umsetzung unseres Buches ‚... für Dich' die Befolgung, die Erfüllung deiner Bestimmung?"

[*Ja, das ist sie!*]

„So sei all dein Denken, all dein Fühlen und alle deine Imaginationskraft nun bei diesem von Dir zu erfüllendem **Sein**. Dann, geliebter Meister, fließt Dir von deiner Seele so viel Seelenenergie zu, dass es Dir ein so Leichtes ist, diese deine Dir selbst gestellte Aufgabe zu erfüllen.

Dein Weg ist nun klar! Dies alles ist so richtig und je mehr Du eingebunden bist, umso mehr von deinem **Sein** einfließt in diese deine Aufgabe, umso leichter gelingt die Umsetzung."

[*Dieser Mann heute, seine Einstellung mit der katholischen Kirche, dass dies der einzige Weg zu Gott ist, da sie der Stellvertreter Gottes auf Erden ist. Was, geliebtes Seelenkonglomerat, will mir dies sagen, danke für Klarheit!?*]

„Dieser Mann verkörpert die immer noch auf dieser Welt sehr stark vertretene Ansicht, der Mensch, dieses göttliche Wesen, sei von Natur aus schlecht. Natürlich bestimmt dieser Glaube, diese Einstellung in sehr bedeutendem Maße seine Erfahrung.

Für Dich, geliebter Meister, ist von grundlegender Bedeutung, was fühlst Du in Bezug auf die Wahrheit, was ist wahr?"

[*Für mich fühlt sich die Wahrheit so an, wir alle sind Teile Gottes. Wir haben in uns göttliches* ***Sein*** *und wir sind hier, um dieses Göttliche in uns über den Weg der Materie zu erfahren. Wir sind in unserem Kern göttlich und damit vollkommen. Ich liebe so sehr dies Göttliche in mir, so sehr.*]

„Dann ist dein **Sein** Liebe?"

[*Ja, das ist es!*]

„Dann, geliebter Meister, ist Gott in Dir am Leben.

In Liebe und verbunden in Einheit,
das Seelenkonglomerat."

16.02.2008

[*Hallo, meine geliebte Seele* ***Amira****, möchtest Du zu mir sprechen?*]

„Ja und sei Du, mein geliebter Seelenanteil, erst einmal gegrüßt! So sehr ist mein **Sein** erfüllt von göttlicher Freude, da der bewusst von Dir herbeigeführte Kontakt zu mir, deiner Seele, immer ein göttlicher Akt ist. Immer wenn dies geschieht, hebt es die Trennung unser beider **Sein**, bedingt durch die Polarität, vollkommen auf. **So höre nun** meine Worte, Dir hineingelegt in dein menschliches Herz. So Du es jetzt wünscht, ist es für Dich möglich, die Trennung bereits während Du noch in diesem menschlichen Kleide Dich befindest, aufzuheben. Sofern dies dein Wunsch, dein Wollen ist. Möchtest Du dies?"

[*Ja Amira, meine über alles geliebte Seele, ja es ist mein tiefster Wunsch, mein Sehnen, wieder ganz eins zu sein mit Dir. Die Trennung jetzt aufzuheben und zum Wohle aller wieder eins zu sein mit Dir, meiner Seele, und dies in der Materie! Meine geliebte Seele Amira, hebe diese Trennung nun auf! Amen.*]

„Dann mein geliebter Seelenanteil, der Du bist, dann im Namen Gottes unser aller Quelle: ‚So sei es!' Die Trennung von uns beiden, bedingt in der Materie zu spielen das **‚Spiel des Lebens'**, diese Trennung ist **jetzt** aufgehoben.

So ist es. Amen.
In Liebe und voller Freude.
Amira, deine Seele."

[*Danke Dir für diese Gnade. Amen.*]

„Ja, mein Geliebter es geschieht, sobald der Zeitpunkt reif ist! Immer!“

[*Amira, meine geliebte Seele, dies wünsche ich mir von ganzem Herzen. Erfülle Du mich nun zu jeder Sekunde meines weiteren Lebens mit dieser tiefen Liebe für mich, für alle, für alles! Dies ist mein göttlicher Wunsch. Amen.*]

„Dann, geliebter Anteil, und alles, der Du bist in und mit mir, deiner Seele, dann sei es **jetzt**! Amen.“

22.03.2008
[*Danke Euch, Erzengel Michael, für Wahrheit und Klarheit. Amen.*]

„Geliebter Meister ([*kribbeln*]), mein Erscheinen war Dir ja schon angekündigt und Du fühlst diese Veränderung in deinem Fühlen. Du fühlst Dich sehr erhoben, innerlich in Sicherheit. Fühlst, da ist vieles geklärt und Du weißt, die Umsetzung unseres Buches hat an Kraft und Klarheit zugenommen. Es ist etwas gravierend anders und Du möchtest natürlich wissen, **was**?

Die Transformation hat die Stufe des ‚Selbstläufers' erreicht, jetzt ist sogar eine Verlangsamung außer Kraft gesetzt. Die Kraft und die Wahrheit, die Ihr alle, die berufenen Seelenanteile und Engel, lebt, sind so groß, so klar. Gleichgültig, in welchen scheinbaren Schwierigkeiten Ihr steckt, immer bleibt Ihr in der Liebe zu Gott, der Quelle, unser aller Quelle, selbst in den größten Herausforderungen. Viele deiner Engelsgeschwister handeln und leben dies alles eher unbewusst, so hat die Bedeutung unseres Buches

‚für Dich' immer mehr zugenommen, deshalb ist die Umsetzung unseres Buches jetzt so wesentlich, wichtig und wertvoll.

Ja, Du weißt um die Bedeutung, hast den vollkommenen Überblick. Dieser Überblick wird nun wahrhaft weltweit gebraucht, die Präsenz dieses Wissens ist weltweite Voraussetzung. Ja, genau das ‚Vatermuttergott, dein Wille geschehe' wird gebraucht. Wir, die geistige Welt, sind bereit, unser Eingreifen ist jederzeit möglich. So fehlt nur noch die Beauftragung aus dem System, Planet Erde, mit freiem Willen.

Alles ist vorbereitet und sobald der letzte Berufene auf Erden die Worte ausspricht, geschieht die Vollendung ([*viel kribbeln*]). Das Wunder der Verwandlung, der Transformation steht bevor! Ihr vollbringt den Wandel, denn Ihr seid alle vollwertige Teilnehmer dieses Systems, alle ausgestattet mit einem verdienten menschlichen Willen und die freiwillige Rückgabe vollbringt den Wandel, vollkommen! Dies alles war lange vorbereitet und jetzt vollbringt Ihr gemeinsam den Abschluss.

Wie Du bereits die Veränderung wahrgenommen hast, ist die Zeit der Vorbereitung vollkommen abgeschlossen. Unser Buch wird nun mehr denn je gebraucht, von unseren Seelenanteilen und Engelsgeschwistern weltweit. So vertraue, mein Meister und auch mein Schützling, alles gelingt leicht und geht sehr schnell. Vertraue darauf, wir erfüllen dein **Sein** mit tiefer Wahrheit und Klarheit, ja alles ist wohl bereitet von uns! **Alles**!

Jede Entscheidung fällt Dir nun leicht, da Du durch dein gutes Gefühl geleitet bist! Alles wirkt und geschieht auf vollkommene Art und Weise, denn Du bist wahrhaft geführt und geleitet.

Die Zeit der Mächtigen dieser Welt läuft nun ab. Ihr Machtspiel verliert durch euren übergebenen Willen jede Grundlage. Erkennst Du, wie groß und bedeutend euer aller Wirken ist? Ihr, die auf dieser ganzen Welt, dem Planeten des freien Willens, verteilten Seelenanteile, Ihr Berufene habt die Macht in euren Händen, dem Spiel der Weltmächtigen ein Ende zu setzen. Du, geliebter Meister, bist der Vollender, Du weißt es als Erster, so gib es nun weiter. Alles ist wohl bereitet, Du vertraue auf uns und schreite voran in dem Wissen, Du bist geführt und geleitet durch uns.

In Liebe und voller Freude über
das Erreichte und noch zu Kommende.
Erzengel Michael" (1 x niesen)

Seelenbotschaften für Dich

1. Seelenbotschaft

„Bei all deinem Sein, all deinem Erleben, geht es nur um dies Eine! Dass Du erkennst, aus deinem wissenden Sein heraus, dass das einzig Bedeutende für dein Leben Du selbst bist. All die Lebenserfahrungen und all die Menschen, sie dienen Dir nur zu deiner Selbsterkenntnis."

2. Seelenbotschaft

„Der Mensch der Du bist und der Mensch der Du sein kannst, weicht noch ein wenig voneinander ab. So frage Dich, wo bin ich noch nicht bereit ganz ich selbst zu sein? Wo unterdrücke ich meine eigene Wahrheit die ich doch so deutlich fühle?"

3. Seelenbotschaft

„Bei allem ist es gleichgültig was Du tust. Entscheidend sind immer nur deine innere Ausrichtung, die Ausrichtung deines Bewusstseins und vor allem deine innere Erwartungshaltung. Diese wird bestimmt durch deine Glaubenssätze, welche ausgeprägt wurden in deiner Kindheit. So erlöse Dich von dieser Prägung, indem Du sagst:

Meine Seele erlöse mich davon, jetzt!"

4. Seelenbotschaft

„Was immer Du tust, tue es mit ganzem Herzen. Wenn Dir dies nicht gelingt, dann höre auf, lasse es, bis es Dir möglich ist ganz dabei sein zu können. Die liebende Kraft deines Herzens, sie verbringt leicht das Gebrauchte. So sei dies nun für Dich die *Richtschur* deines Handelns."

5. Seelenbotschaft

„Beobachte stets nur dies Eine, bringt Dich eine Entscheidung und danach dein aktives Handeln in ein Gefühl der Vorfreude? Gleichgültig wie groß alles wäre, wie wichtig! Frage Dich nur, selbst wenn da Angst wäre, versetzt es mich in Vorfreude?"

6. Seelenbotschaft

„Gerade jetzt bist auch Du aufgefordert, wie so viele, dein Wissen und dein in Dir so klar Gefühltes, deine Wünsche, Dich mit diesem allem ganz einzubringen in dies große Ganze. Wie? Durch deine klare Bereitschaft, deine Entscheidung, **Uns**, der geistigen Welt, dies kund zu tun! Denn dann ist es **Uns** erst möglich, all die Fügungen für Dich zu weben, hinzuführen. Gerade jetzt braucht diese Welt: Dich!"

7. Seelenbotschaft

„Mesch wei de tong! Dies ist lemurisch und heißt *Finde die Quelle in Dir!* Alles in deinem Leben dort draußen ist völlig ohne Bedeutung. Nur das in Dir Vorhandene, dies hat Bedeutung."

So lausche stets dem **Sein** in Dir.

8. Seelenbotschaft

„Nichts auf dieser Welt ist so mächtig, wie der sich wieder bewusste Mensch, der auf Grund seiner Bewusstheit die eigene Schöpfermacht wiedergefunden hat! Alle deine Erfahrungen sind selbst erschaffen von Dir, ja **Alle**! Deine Gedanken, dein Wünschen ziehen sie herbei."

9. Seelenbotschaft

„Du bist wie **ICH**, deine Seele, selbst göttliches Sein, reines göttliches Potential. Doch hier in diesem *Spiel des Lebens* musstest Du dies vergessen! Dies war die Spielvoraussetzung, die Bedingung zur Teilnahme. Gerade jetzt verliert diese Voraussetzung ihre Grundlage. Du, göttliches Wesen, bist nun frei, diese deine immer vorhandene Göttlichkeit (wieder) zu erkennen und sie machtvoll zu leben."

10. Seelenbotschaft

„Etwas zu wollen ist eine Sache, es Dir von ganzem Herzen zu wünschen eine völlig andere. Denn dort wo dein Herz wünscht, ist höchste, ist göttliche Verwirklichungskraft.

So wünsche, glaube und vertraue, dann wird es wahr!"

Worte von mir zu Dir

Hier sitzen nun wir beiden Seelenanteile, Engelsgeschwister und vielleicht auf ganz verschiedenen Erdteilen und scheinbar auch in verschiedenen Zeiten. Du in meiner Zukunft und ich in deiner Vergangenheit.

Doch in unseren Gedanken und Gefühlen sind wir gerade **jetzt beisammen** (Mir laufen dabei die Tränen der Freude des so sehr Berührt-Seins meine menschlichen Wangen hinunter, so sehr fühle ich deine Nähe, unser Eins-Sein), **sind wir eins**!

Die Energien unserer Seelen erfüllen uns nun so sehr, so sehr. Heute hat mir das Seelenkonglomerat dazu folgende Mitteilung gegeben, als ich sie heute gebeten habe, nun das Buch endlich abzuschließen!

„Ja, geliebter Meister, das wollen wir! Wir ehren dein **Sein** und lieben deinen persönlichen Einsatz für unser Wirken durch Dich. Beende das Buch heute und wir stellen den Kontakt her. Dein Schlusswort ([*Ich wollte mich möglichst da raushalten*]) ist sehr bedeutungsvoll, wir werden es Dich mit unserer Seelenenergie schreiben lassen, einverstanden?
Von unserer Seite ist nun wahrhaft alles gesagt.

Deine menschlich-göttlichen Worte durchdrungen von Liebe ergeben die **Vollendung**! Wir lieben Dich so sehr und ehren dein **Sein**.

In tiefer Liebe und göttlicher Verbundenheit,
das Seelenkonglomerat und Imahel, dein Schutzengel.
Amen."

Jetzt fällt mir so vieles ein, was ich Dir sagen möchte, mit Dir zum Abschluss dieses Buches teilen möchte, mit Dir, der Du diese Zeilen liest!

Seit fast 30 Jahren bin ich nun auf meinem persönlichen spirituellen Weg unterwegs. Vermutlich ähnlich wie Du (weitere Tränen kullern meine Wangen hinab), und da waren so viele Schmerzen, so viel Trauer, bis zum völligen Lebensüberdruss. So viel Schmerz, dass ich oft nicht mehr weiter wusste. Immer war es meine tiefe Liebe zu Gott, mein Vertrauen, welches mich irgendwie hat weitergehen lassen.

Auch hier können wir uns sicher die Hände reichen, dies ist wohl unsere Gabe, unser Geschenk. Gegeben von der Quelle allen Seins uns den Engelsgeschwistern.

Ich fühle noch einmal sehr intensiv all diese Schmerzen, sie waren ein hoher Preis, aber sie sind es wert.

Ich fühle Dich so nahe wie damals in den Hallen von Amenti (habe sofort dieses Bild vor mir), als wir eingeweiht wurden in dieses neue, nie da gewesene **‚Spiel des Lebens'**.

Da waren aber auch so viele Stunden der Freude, der tiefen Verbundenheit, der tief gefühlten Liebe und Einheit mit unserer geistigen Familie, unserem Schutzengel, mit Gott!

Und jetzt sind wir hier! So nahe an dem uns zu Anfang in den Hallen von Amenti Angekündigtem und immer wieder in all unseren anderen Leben Vorhergesagtem.

Jetzt sind wir so nah, wir, die Berufenen. Da Du bis hierher dieses Selbstaktivierungsbuch gelesen hast, gehörst auch Du zu **den Berufenen**, **zur Engelsfamilie**.

Wir sind wahrlich über 5 Millionen Engelsgeschwister, weltweit verteilt auf dem gesamten Planeten (deshalb erscheint dieses Buch in über 30 Ländern). Alle vollwertige Teilnehmer am **‚Spiel des Lebens'**, alle ausgestattet mit einem vollwertigen, gültigen , freien menschlichen Willen'.

Wir sind die **‚kritische Masse'** laut den Prophezeiungen von Celestine (Oh, wie haben mich vor fast 14 Jahren diese Worte **‚die kritische Masse'** elektrisiert.). Wir haben es durch unser gemeinsam laut ausgesprochenes

‚Vatermuttergott, dein Wille geschehe jetzt'

beginnen lassen und nach so viel vergangener menschlicher Zeit sind **wir es**, die es jetzt gemeinsam beenden. Wow, welch göttliches Wirken.

So viel Gutes, so viele göttliche Fügungen und Wunder sind in meinem Leben geschehen, seit ich wieder dieses

‚Vatermuttergott, dein Wille geschehe jetzt'

laut ausgesprochen habe. Wie tief hat es mich berührt, als ich durch das Seelenkonglomerat erfahren habe, dass die Veränderung dieses geschlossenen Systems nur von innen heraus stattfinden kann.

Denn die uns umgebenden göttlichen Kräfte dürfen erst in dieses geschlossene System eingreifen (aufgrund des freien Willens), wenn eine genügende Anzahl (kritische Masse) vollwertiger Teilnehmer mit einem vollwertigen, gültigen menschlichen freien Willen, diesen ihren freien menschlichen Willen aus eigenem Antrieb heraus, geschlossen wieder freiwillig an die Quelle allen **Seins** zurückgeben!

Das, meine geliebte Engelsschwester, mein geliebter Engelsbruder (sehe jetzt vor lauter Tränen der Rührung gar nicht mehr, was ich schreibe), **das sind wir! Du, ich und über 5 Millionen unserer Engelsgeschwister weltweit!**

[*WOW, dies ist so groß, so mir fehlen die Worte!*]

So möchte ich nun Dich, **Euch** alle bei der Hand nehmen, damit wir uns wieder verbinden und in aller Liebe bitte ich Dich, lass uns nun gemeinsam dieses ‚Vatermuttergott, dein Wille geschehe jetzt' aussprechen!

Vatermuttergott, dein Wille geschehe jetzt. Amen.

So ist es vollbracht!

Sobald nun auch die letzte oder der letzte Berufene auf Erden diese Worte ausspricht, kehren wir alle gemeinsam nachhause zurück und, oh, wie sehr schon werden wir erwartet, wie sehr schon!

Vermutlich wird es jetzt noch ca. zwei Jahre oder etwas mehr dauern, ausgehend von heute, dem Tag (19.12.2007), an dem ich diese Worte niederschreibe, bis alle Seelenanteile weltweit es ausgesprochen haben, das

‚Vatermuttergott, dein Wille geschehe jetzt'.

In diesem Zeitraum kann ich uns allen nur liebevoll aus meinen eigenen Erfahrungen (da ich diese teilweise schon über 15 Jahre praktiziere) ans Herz legen, die vom Seelenkonglomerat empfohlenen 7 Schritte regelmäßig anzuwenden.

ICH selbst erfülle mich täglich über Erzengel Michael mit goldenem Licht, reinige regelmäßig meine Chakren und meinen Körper. Mehrmals täglich bitte ich um das Gitter und dies ist so hilfreich.

Trinke 2 bis 3 Liter gereinigtes Wasser, ernähre mich vegetarisch und bin frei von der Aufnahme von Giftstoffen wie Alkohol oder Nikotin. Alles was ich zu mir nehme, Teil werden lasse von meinem Energiesystem segne ich vorher (Gebet für die Reinigung von Speisen/Getränke) und bringe es auf den Schwingungslevel von Mutter Erde und der Transformationsenergie. Am besten sei Du liebevoll zu Dir selbst und segne einfach **alles**, bevor Du es zu Dir nimmst, es Teil werden lässt von deinem Energiesystem.

Dies ist sehr wesentlich, da die stattfindende Transformation sehr viel mit Schwingungsanhebung zu tun hat. Je mehr unser eigenes Schwingungslevel mit dem von unserer Mutter Erde übereinstimmt, umso leichter geht alles in unserem Leben. Auch hängt unser seelisches und körperliches Wohlbefinden in sehr großem Maße davon ab.

(Mutter Erde wirkt hierbei für uns wie ein Katalysator, ihre Schwingungsanpassung geschieht automatisch.)

Mir hat das Gebet ‚Wirke, wirke Gott, Du meine Seele' sehr viel geholfen.

Auch immer wieder voller Vertrauen das Alte, Überholte, Erfüllte in **allen** Lebensbereichen loszulassen, ist von großer Wichtigkeit und macht uns immer wieder frei für das Neue. Damit Du diesbezüglich einen Eindruck bekommst, sind ja im Teil ‚Meine Erfahrungen mit der geistigen Welt' teilweise sehr persönliche Dinge, die mich, mein Leben betreffen, dargestellt und für Dich hier niedergeschrieben. Manches war mir zu persönlich, aber die geistige Welt meinte es sei sehr wichtig, als Beispiel für all die anderen Seelenanteile, nun ja.

Was mir erst die letzten Wochen aufgefallen ist, war immer wieder diese enorme Niedergeschlagenheit, teilweise bis zu tiefer Depression. Hier erklärt ja die geistige Welt sehr deutlich, dass wir, die noch schlafenden oder schon erwachten Engel auf Erden, wie Transformatoren für die auf dieser Erde sehr stark vorhandenen negativen Gedanken und Gefühle all der sehr unbewussten menschlichen Menschen sind. Hierbei ist die Bitte an den Erzengel Michael von solch großer Hilfe.

> **‚Erzengel Michael, ich bitte Euch um die Erstellung eines feinstofflichen Gitters in der Farbe Gold/Violett, welches sämtliche gedanklichen oder gefühlsmäßigen Emanationen oder sonstige Energien, die auf mich einwirken/einstrahlen, hier und jetzt sofort umwandeln in göttliches Licht und göttliche Liebe, zurückgeben an die aussendende Quelle. Erstellung feinstoffliches Gitter, j e t z t.'**

Dies hat solch eine sofortige Wirkung, einen Befreiungseffekt, der so hilfreich ist. Versuche es doch einfach mal und Du wirst es spüren.

Vielleicht noch etwas sehr Wichtiges. Wir alle stehen jetzt immer mehr im Rampenlicht und die Menschen, die keine Veränderung wollen, sie versuchen die Transformation wenigstens zu verlangsamen. Das können sie nur, indem sie uns energetisch beeinflussen, uns mit ihren Angst machenden Gedanken umgeben.

Da **liegt es** natürlich sehr stark an **uns**, ob wir ihnen eine Resonanzfläche bieten. Ich für mich habe mittlerweile keinen Fernseher und höre auch kein Radio, lese keine Zeitungen, denn dies ist Beeinflussung pur. Erst jetzt, seit ich keinen Fernseher mehr habe, merke ich, wie viel Zeit ich davor vergeudet habe, welche Beeinflussung daraus hervorgeht.

Bedenke auch, hierbei liegt es immer an unserem freien Willen, wofür wir uns öffnen. Seit ich dieses Buch niederschreibe, fühle ich dieses im Rampenlicht stehen (geistig gesehen) und so bitte ich den Erzengel Michael regelmäßig, dass er vier seiner Engel in jeder Ecke meiner Wohnung, oder wenn ich außerhalb bin, um mich aufstellt und diese einen **göttlichen, neutralen, geschützten Raum** um mich erstellen, indem nur Göttliches, meine göttliche Familie, mein Schutzengel Zutritt haben und die Wirkung ist wundervoll.

Vertraue ganz fest darauf, wir sind so sehr geschützt, wir sind geleitet und geführt, so sehr.

Ich weiß, nun sind wir erst einmal an dieser Stelle zum vorläufigen Ende gekommen und ich möchte am liebsten weitermachen, mit Dir zusammenbleiben.

Ich bin so dankbar über unseren gemeinsamen Weg, den wir nun zusammen gegangen sind. Bin so erfüllt und voller Freude, wieder mit Dir und mit all unseren Engelsgeschwistern verbunden zu sein. Das tut sooo gut!

Ich weiß, es ist meine nächste Aufgabe, sobald nun das Buch unterwegs ist zu den Seelenanteilen dieser Welt, dass ich auf der ganzen Welt unterwegs sein werde, damit wir uns alle auch körperlich wieder sehen, und vielleicht sehen wir uns ja schon bald persönlich vor Ort oder in deiner Nähe.

Das wird noch sehr wesentlich sein, denn einige unserer Engelsgeschwister bedürfen noch einer **Bestätigung** und da danke ich Dir schon jetzt für deine Mithilfe.

Bitte informiere Dich unter

www.michael-elrahim-amira.de

über unsere **live channel Tour in D-A-CH!**

Hier nochmals das Seelenkonglomerat: 4.02.2008

> **„Wir sprechen nun nochmals zu Dir, unserem gesegneten Menschenengelswesen, inkarniert hier auf Erden. Dein Mitwirken ist für uns alle von so großer Bedeutung, damit wir alle unsere Seelenanteile erreichen. So gebe das Wissen und die Weisheit dieses Buches immer dann weiter, wenn Du ein gutes Gefühl hast, auf dass die Worte der Weisheit von Seelenanteil zu Seelenanteil über diesen ganzen Planeten des freien Willens getragen werden.**
>
> Dich mit unserer Liebe umarmend,
das Seelenkonglomerat."

Du weißt nun, sobald der letzte Berufene auf Erden es ausspricht, **das ‚Vatermuttergott, dein Wille geschehe jetzt'**, findet die endgültige Transformation statt. Dies fühle ich so sehr, die Wahrheit dieser Aussage ist so klar!

So sage ich Dir, meine geliebte Engelsschwester,
Dir mein geliebter Engelsbruder,
in tiefer Verbundenheit, voller Liebe und Vorfreude,
bis bald! Michael Elrahim Amira.

Gebet für die Reinigung deiner Speisen, deiner Getränke

Gesegnet bist Du, Speise, und auch Getränk, im Namen von

Vatermuttergott, der Quelle allen Seins.

Danke Euch, Engel der Liebe und des Lichtes, dass Ihr nun diese Speise und das Getränk von allen schädlichen Inhaltstoffen, Giftstoffen oder Konservierungsmitteln vollkommen befreit und danke für die Erfüllung mit dem Licht und der Liebe Gottes.

Danke für die Anpassung der Schwingung an den Schwingungslevel von unserer Mutter Erde und der Transformationsenergie hier und jetzt.

Danke für Leben, Leben, Leben.

(Fühle, wie Energi€e aus deinen Händen in die Speisen einfließt.)

Amen.

Meditationen 1 (Live Channeling)

23,- Euro

AKTIVIERUNG DEINER HÜTERENERGIE

Seelenverbindung fühlen. Seelenweg zu gehen, bedeutet, dass eigene Göttliche in Dir zu ehren achte auf Deine Gedanken. Vordenken, kreiere Dein Leben, sehe alles vor Dir, wie es Du dir wünscht. Schöpferkraft leben und dann weitergeben an Andere **ICH BIN ANKANATE** Hüter/Hüterin von von Mutter Erde seit Anbeginn der Zeit wunderbare Formulierung. Neuausrichtung des morph.Feldes von Mutter Erde. Gaya spricht: Dank+ Hüterkristall

32:47 Min.

DEINE SCHÖPFERKRAFT BRINGT DICH IN DIE FREIHEIT

Das Fühlen folgt Gedanken, ich bin die Ursache all meiner Erfahrungen. Wenn Du eine gewisse Zeit bereit bist den Gesetzen zu folgen, führt Dich das in die Freiheit, ja auch in die Freiheit von Gesetzen. Dies ist höchste Wahrheit, die Ihr jetzt nur verstehen könnt, durch die Vielzahl Eurer Inkarnationen.

46:26 Min.

Ton und Schnitt: Lemuria-Dreams Produktion   Musikalische Untermalung: Lazar Ibon Adamek

Meditationen 2 (Live Channeling)

23,- Euro

SEELENPLANERFÜLLUNG:

Du bist jetzt in Deiner Inkarnation an einem Punkt angekommen an dem Du das Entscheidende selbst in Auftrag gibst. Bitte und dann wird Dir gegeben. Seelenkanalöffnung, Seele verankert sich in Dir. Te oma Ka tei (Erwache Seele in mir). Seelenplanerfüllung in allen Bereichen.

21:21 Min.

EINWEIHUNG UND VERANKERUNG ERZENGELKRÄFTE

Erzengelkraft URIEL: Verwurzelung in Mutter Erde, Lebensfreude.
Erzengelkraft GABRIEL: Botschaftenüberbringer, Macht fließt ein, ich wirke machtvoll in meinem Sein.
Erzengelkraft RAPHAEL: Herz Zentrale aktiviert alle Zellen, aktiviert gesamten Selbstheilungskräfte.
Erzengelkraft MICHAEL: Halschakra und 3.Auge das in Dir wahrgenommene (3.Auge) direkt aussprechen (Halschakra) ich bin und ich spreche die Wahrheit.

36:36 Min.

Ton und Schnitt: Lemuria-Dreams Produktion   Musikalische Untermalung: Lazar Ibon Adamek

Meditationen 3, 4 und weitere im Online-Shop!

Bestelle deine persönlichen CD's im Online-Shop bei:

www.ankanate-verlag.com

Dein 2012 Prozess

Beschleunige Deinen persönlichen Prozess und vollende ihn jetzt.

ISBN 978-3-00-037251-3

240 Seiten kartoniert € 23,90-

Das zentrale Thema für 2012 ist:

Benötigte Bewusstseinsenergie

Bestelle deinen persönlichen Prozessbegleiter im Online-Shop bei:

www.ankanate-verlag.com

DNS Healing Dance

30:24 Min.
Instrumental

Lemuria Dreams 'blau'
15,90 Euro

Anwendungsmöglichkeiten

Du kannst DNS Healing Dance vielseitig anwenden.
- Sprechen in einer fremden Sprache
- Singe das OM dazu
- Nimm ein Mantra deiner Wahl
- Spreche Bejahungen
- Sprechen von Dekreten
- Intuitives Tanzen

Was auch immer Du damit bereicherst es wird alles um ein Vielfaches verstärken!
Ein positives Gefühl dehnt die DNS-Stränge und stabilisiert dadurch die Verbindung zum Göttlichen.

Om Namaha Shivaya

19:38 Min.
Om Namaha - Mantra

58:15 Min.
Instrumental

Lemuria Dreams 'rot'
15,90 Euro

Melodisches Heil-Mantra durchgegeben von Babaji

Musik ist eines der wirksamsten Methoden zur Aktivierung unserer Selbstheilkräfte.

Sie ist auf der ganzen Welt eines der Kraftvollsten Heilmethoden.
Gezielt eingesetzte Musikschwingungen aktivieren unsere SELBSTHEILKRÄFTE

Sie wirken harmonisierend auf unser ganzes Energiefeld.
Musik heilt unseren Geist, unsere Seele und unseren Körper.

Musik von

Lazar Adamek

Bestelle deine persönlichen CD's im Online-Shop bei:

www.ankanate-verlag.com